KB275712

이어령의 교과서 넘나들기

콘텐츠 크리에이터 **이어령** | 글 **김성진** | 그림 **박수로**

정치편 **7** 세상을 행복하게 만드는 정치

살림

생각을 넘나들며 다양한 지식을 익히는 융합형 인재가 되세요!

우리는 지난 몇 년간 엄청난 변화를 겪었습니다. 과학기술과 정보통신기술의 비약적인 발전으로 인해 지난 시절 몇 세기에 걸쳐 누적된 삶의 변동보다 훨씬 더 크고 빠른 변화를 경험해야 했던 것이지요. 스마트폰 같은 디지털 기기들과 트위터, 페이스북 같은 소셜 네트워크 서비스들은 불과 1~2개월의 시간 동안 우리 삶의 방식을 일순간에 바꾸어 놓았습니다. 당연히 지난 시절에 유용했던 생각과 지식 역시 크게 달라질 수밖에 없습니다. 이럴 때 우리 아이들은 미래를 위해 무엇을 준비하고 공부해야 할까요?

저는 이런 이야기를 좋아합니다. 옛날 어떤 사람이 우연히 산속에서 신선을 만났습니다. 신선에게 소원을 말하면 들어준다는 말에 그 사람은 신선을 붙들고 놓아 주지 않았지요. 그리고 신선에게 말했습니다. "저기 저 바위를 황금으로 바꿔 주세요." 다급해진 신선이 지팡이를 휘둘러 커다란 바위를 황금으로 바꾸어 주었습니다. "이제 놓아다오." 그때 그 사람이 눈을 반짝이며 말했습니다. "소원이 바뀌었어요. 그 지팡이를 제게 주세요."

이 이야기는 단순히 고기 잡는 방법을 가르쳐야 한다는 말이 아닙니다. '황금'이라는 창조물에서 황금을 창조하는 '방법'으로 생각을 이동시킬 수 있는 능력이 중요하다는 말입니다. 우리 아이들이 주역이 될 미래는 다양한 방면으로 바라보고 가로지르고 융합할 수 있는 '생각의 능력'이 더없이 중요해지는 시대입니다.

콜럼버스의 일화를 소개할까요. 콜럼버스가 신대륙에 상륙했을 때 어딘가에서 새소리가 들렸습니다. 콜럼버스는 그 새소리를 종달새 소리라고 적었지만, 나중에 밝혀진 바로는 그곳에 종달새는 살지 않았답니다. 콜럼버스는 자신이 알고 있는 지식에 묶여 새(bird) 소리를 새(new) 소리로 듣지 못했던 것입니다. 이런 관습적인 사고가 과거의 생각 방식이었다면 이제 중요해지는 것은 '순환적인 사고'와 '양면적인 사고', 서로 다른 분야를 함께 생각할 수 있는 '복합적인 사고'입니다.

다행히 우리 민족은 이미 오래전부터 이런 사고방식을 부지불식간에 사용하고 있었습니다. 언어적으로 봐도 서양은 한쪽 면만 표현하는 반면 우리는 항상 양면성을 고려했습니다. 고층건물에 있는 '엘리베이터'는 그 뜻을 해석하면 이상합니다. '오르는 기계'라는 뜻이니까요. 우리는 '승강기'라고 씁니다. '오르내리는 기계'라는 뜻이지요. '열고 닫는다'는 뜻의 '여닫이', 나가고 들어온다는 뜻의 '나들이', 이런 어휘들은 양면적인 사고가 잘 반영되어 있습니다.

　순환적 사고란 무엇일까요. 가위, 바위, 보에서 '가위'의 의미에 주목해 보도록 하지요. 바위와 보만 있는 세계는 항상 결과가 자명한 세계입니다. 모두 오므리거나 모두 편 것, 이것 아니면 저것만 있는 세계에서는 다양함이 나올 수 없습니다. 그러나 '가위'가 있어서 가위, 바위, 보는 예측 불가능한 결과를 가져올 수 있는 다양성을 갖게 됩니다. 우리는 바로 그 '가위'와 같은 것을 상상해 내고 생각할 줄 알아야 합니다.

　그러자면 서로 다른 분야를 넘나들면서 다양한 지식을 융합적이고 통섭적으로 습득해야 합니다. 쓰고 남은 천들은 버려지는 것이 아니라 조각보로 훌륭하게 다시 만들어질 수 있고, 배추 쓰레기가 '시래기'라는 웰빙음식으로 재탄생할 수 있게 만드는 지식의 습득과 활용이 필요합니다.

　그렇게 자라난 우리 아이들은 과거와는 다르게 모두가 1등이 될 수 있는 사회에서 풍요로운 삶을 살 수 있을 것입니다. 저는 늘 이렇게 말합니다. "남다른 생각과 지식을 가지고 360도 방향으로 제각기 뛰어나가 그 분야에서 1등이 되어라. 옛날처럼 성적순으로 1등부터 꼴찌까지 줄 세우는 시절이 아니다. 그렇게 저마다의 소질과 생각에 맞는 분야에서 1등이 되어 손 맞잡고 강강술래를 돌아라. 그런 아름다운 세상에서 살아라."라고 말이지요.

　스티브 잡스는 스탠퍼드 대학교의 엘리트들에게 이렇게 말했습니다. "Stay hungry, stay foolish!" 졸업하면 성공이 보장된 인재들에게, 그리고 최고의 지성으로 무장한 졸업생들에게 '항상 바보 같아라'라고 말한 것은 어떤 의미일까요. 기존의 지식으로 무장한 사람일수록 세상을 바꿀 뛰어난 생각은 바보같이 느껴진다는 의미가 아닐까요. 현재의 관점에서 불가능할 것 같고 황당하고 쓰임새가 없어 보이는 상상 속에 우리가 예측하지 못했던 엄청난 혁신과 가치가 숨어 있다는 것을 스티브 잡스는 말하고 싶었던 겁니다.

　〈이어령의 교과서 넘나들기〉가 우리 젊은 학생들이 그런 행복한 미래(future)에 대한 비전(vision)을 갖는 데 꼭 필요한 융합형(fusion) 교양 지식을 익히고 생각의 넘나들기를 익힐 수 있는 좋은 계기가 되기를 바랍니다.

이어령

지식 대융합 시대의 창조적 교양인을 꿈꾸는 여러분께

　현대 사회는 'T자형 인간'을 요구한다고 합니다. 'T자형 인간'이란 자기 분야는 물론이고, 다른 분야에도 깊은 이해가 있는 종합적인 사고 능력을 가진 사람을 일컫는 말입니다. 'T'자에서 '—'는 횡적으로 많이 아는 것을, 'ㅣ'는 종적으로 한 분야를 깊이 아는 것을 의미하지요.

　왜 현대 사회는 T자형 인간을 원할까요? 그 이유는 21세기가 '지식 대융합의 사회'를 지향하고 있기 때문입니다. 현대는 하루가 다르게 새로운 개념의 첨단 전자 제품이 나오고, 그것이 우리의 지식 정보 전달 시스템을 통째로 바꾸고, 그 결과 문명의 방향이 달라지는 시대입니다. 이 변화무쌍한 현실을 이해하고 이끌어 나갈 수 있는 힘은 오로지 창조적이고 통합적인 상상력과 직관을 가진 'T자형 인간'으로부터 생산되기 때문입니다.

　하지만 우리의 현실을 보면 앞이 아득합니다. 'T자형 인간'이 되어 21세기 대한민국을 이끌고 나가야 할 청소년들은 빡빡한 학교 수업과 학원 일정에 쫓겨 다람쥐 통의 다람쥐처럼 제자리 돌기만 하고 있습니다. 학교와 교과서를 통해 배운 지식을 단순히 입시 수단으로만 여기고 있습니다. 학교에서 배운 지식을 다른 지식과 잘 연결하고 융합시켜 지적 능력을 키우는 일에는 관심 밖입니다.

　〈이어령의 교과서 넘나들기〉 시리즈는 안타까운 우리 청소년들의 지적 현실을 타개하기 위해 만든 책입니다. '5천 년 인류 문명이 이룩한 모든 교양을 만화로 읽는다.'는 생각으로 만화가 가지는 유머와 재미라는 틀 안에 그동안 인류가 축적한 다양한 지식을 담았습니다. 단순히 한 가지 학문만을 다루는 것이 아니라 다양한 학문이 통합된 융합형 교양 지식을 담아 청소년들이 현대 사회를 창조적으로 살아갈 수 있는 능력을 기를 수 있도록 만들었습니다.

　인류 문명의 토대가 되는 지식을 담은 재미있고 명쾌하지만 결코 가볍지 않은 멋진 만화책들이 차례로 독자들 앞으로 찾아갈 것입니다. 우리 청소년들이 이 책들을 읽고 '지식의 대융합 시대'를 선도하는 'T자형 인간'을 꿈꾸는 모습을 보기를 간절히 소망합니다.

기획 손영운

이 책으로 좋은 정치를 이끌어 갈 리더십을 키우길 바랍니다!

선사시대나 지금이나 사람들이 사는 법에 변하지 않은 게 하나 있습니다. 하나의 사회를 이뤄 모여 사는 겁니다. 그래야 생명을 지키며 살아 갈 수 있기 때문입니다.

위대한 사상가 아리스토텔레스는 인간을 일컬어 '정치적 동물'이라고 했습니다. 여기서 '정치적'이란 말은 그리스의 고대 도시국가 폴리스에서 생겼습니다. 이 공동체에 모여 살며 덕을 실천하는 것이 바로 정치였던 것이죠.

사람이 모여 살면 당연히 질서가 필요합니다. 또 힘있는 사람과 힘없는 사람도 생겨나게 마련이죠. 정치는 근본적으로 다스리는 사람과 다스림을 받는 국민의 관계를 말하지만 오늘날의 정치의 모습은 많이 바뀌었습니다. 옛날엔 왕관을 쓴 왕과 복종하는 백성들만 있었다면 지금은 국민이 민주적 절차를 통해 대통령이나 총리를 뽑으니까요. 이렇게 겉모습은 달라졌지만 궁극적인 정치의 목적은 모든 사람을 행복하게 해 주는 것입니다.

여러분이 정치의 주역이 되었을 때 대한민국 국민이 모두 행복하다면 얼마나 좋을까요? 이 책으로 정치의 세계로 떠나 봅시다. 이 책과 함께 여행을 하다 보면 여러분은 좋은 정치를 알게 되고 위대한 리더십을 키울 수 있을 것입니다.

글 김성진

'정치'는 언제나 우리 곁에 있습니다!

'정치'라는 단어를 생각하면 국가의 지도자분들이 국회에 앉아 있는 걸 제일 먼저 떠올리곤 했습니다. 하지만 정치인들만 하는 것이 정치가 아니라 이해관계의 대립과 의견의 차이 등도 모두 정치의 일종이라는 것을 이 작품을 하면서 알게 되었습니다. 여러분이 학교생활을 하면서 겪게 되는 친구들과의 문제도 정치적인 지혜가 있다면 더욱 원만하게 해결할 수도 있습니다. 이렇듯 정치는 우리 삶과 떼어놓고 생각할 수는 없는 것이더군요. 정치에 대해 잘 몰랐던 저도 이 책을 작업하면서 정치와 좀 더 친숙한 느낌이 들었습니다. 이 작품을 하는 동안 누구를 만나든 내가 알지 못했던 정치의 역사에 대해 이야기했던 기억이 나네요.

제가 이 책을 통해 '정치'에 대해 새로운 시각을 갖게 된 것처럼 여러분도 이 책을 통해 정치에 흥미와 관심이 생겼으면 좋겠습니다. 즐겁게 읽어 주세요.

그림 박수로

이어령의 교과서 넘나들기

정치편 ⑦

인구 시계 : 미국 정부가 운영하는 인터넷 사이트.

그중 2011년 현재 유엔회원국은 192개국이야.

바티칸과 코소보는 독립국가이지만 유엔회원국은 아니고,
바티칸
코소보

대만은 독립 상태지만 대부분의 국가들이 중국을 의식해서 독립국가로 인정하지 않아.
나도 독립국이라구~

이렇게 많은 지구상의 각 국가는 비슷해 보이지만 서로 다른 정치 구조를 가지고 있지.

예를 들어 미국은 대통령의 권한이 막강한 대통령 중심제로 총리라는 직책이 아예 없지.
내가 접수했어~

반면 영국은 여왕이 국가를 대표하지만 실질적 권한은 총리에게 있는 의원내각제이며,

대한민국엔 대통령도 있고 총리도 있는 구조로 되어 있지.
대통령
국무총리

이렇게 국가마다 정치제도가 다른 이유는 정치제도가 그 국가의 역사와 문화가 결합한 결과이기 때문이야.
정치
역사
문화

그럼 대한민국의 정체성은 어디에 나와 있을까?

그야 물론 헌법이지!

그래, 맞아! 헌법 1조에서 대한민국의 정체성을 설명하고 있어.

헌법 1조 1항
대한민국은 민주공화국이다.

그럼, '민주'와 '공화'의 정체만 밝히면 우리나라의 정치제도를 알 수 있겠지?

헌법 1조 1항
대한민국은 민주공화국이다.

우선 '민주'의 어원은 고대 그리스에서 찾을 수 있어.

당시 그리스에는 작은 도시국가, 즉 폴리스가 형성되어 있었는데, 대표적인 곳이 아테네와 스파르타지.

아테네에서는 상공업과 문화가 발달한 반면 스파르타는 군사력이 강한 도시국가였어.

아테네

스파르타

스파르타는 정복 전쟁을 통해 빼앗은 영토에서 소수의 스파르타인이 다수인 나머지 계층을 지배하는 구조였기 때문에

그 많은 수의 정복민을 지배하기 위해선
군사력을 유지하는 것이 중요했지.

농업과 상공업은 노예인 헬로트와
반자유민인 페이오이코이 계층에 맡기고,

스파르타인은 집단생활을 하면서
군사훈련과 육체 단련에만 열중했지.

스파르타의 남자아이는 7세가 되면 엄격한 훈련을
받기 시작하는데 대부분이 훌륭한 군인을 만들기
위해서야.

30세가 되면 그제야 집단생활에서 벗어나 자신의
가정을 꾸릴 수 있었지.

평생을 군사훈련을 받으며 살아 온 스파르타 시민들은
전쟁에 나가는 것을 신성한 의무이자 권리로 여겼어.

demo(국민), kratia(지배)

다양한 토론이 이뤄졌던 사회적인 배경으로 인해 아테네에서 역사상 가장 훌륭한 철학자인 소크라테스와 플라톤, 아리스토텔레스까지 배출될 수 있었어.

소크라테스(Socrates, 기원전 469년~기원전 399년)

플라톤(Platon, 기원전 427년경~기원전 347년경)

아리스토텔레스(Aristoteles, 기원전 384년~기원전 322년)

플라톤은 계급을 통치자 계급, 전사 계급,
생산자 계급으로 나누었는데
특히 통치자 계급이 이성을 지키려면
사리사욕을 버려야 한다고 믿었어.
사리사욕이 생기는 원인은 사유재산과 가족 때문이라며
가족 공유제와 사유재산 공유제를 주장했지.
황금보기를
돌같이..
제1계급
통치자, 지혜
제2계급
전사, 용기
제3계급
생산자, 절제
지도자가 사리사욕을
채우면 나라가 망할 수밖에
없잖아!
재산 공유제란 개인의 재산을 없애고 
국가에서 공동으로 관리하자는 뜻이고,
가족 공유제도 말 그대로
가족을 공유하자는 거야.
이렇게 되면 부부개념도 없어지고,
아이는 아버지가 누군지,
어머니가 누군지도 모르는 상태가
되는 거지.
사유재산
몰수
계급
공유제
다 똑같은
엄마 아빠야.
우리아빠
엄마는?

가족 공유제는 플라톤의 제자인 아리스토텔레스가 강력히 비난하는 등 인정받지 못했지만
스승님, 그건 잘못 생각하신 겁니다! 가족은 국가의 가장 중요한 기초입니다!

재산 공유제는 결국 20세기에 등장한 공산주의 국가체제의 핵심 개념이 되었어.
무조건 똑같이 나눠야 돼!

공산주의 국가인 북한은 아직도 재산 공유제를 유지하고 있지.

한편, 플라톤은 국가를 완전 국가와 불완전 국가로 나누고
완전
불완전

앞서 이야기한 계급이 각자 제 기능을 다할 때는 완전한 국가가 되고 그렇지 못할 때는 불완전한 국가가 된다고 했어.

완전 국가의 통치자는 선과 진리를 판단할 수 있어야 하는데, 플라톤은 그 능력을 가진 사람이 철학자라고 생각했어.
철인
이상적 국가

또한 국가에서 어릴 때부터 지도자 양성을 위해 교육시키고 그중 가장 뛰어난 사람을 뽑아 완벽한 1인 통치자, 즉 철인왕을 만드는 것이 바람직하다고 했지.
철인왕
이상적 국가

칼 포퍼는 『열린사회와 그 적들』이란 책에서 히틀러나 스탈린 같은 독재자의 모습에서 플라톤의 철인왕을 떠올렸어.
독재자
철인왕
플라톤이 완전무결한 존재인 철인왕의 지배를 받는 것이 가장 바람직한 국가의 형태라고 했기 때문에
아~

독재자들이 스스로를 완벽한 존재로 표현하며 독재를 정당화했다는 것이지.

실제로 히틀러는 스스로를
"모든 살아 있는 영혼의 집합"인
완전무결한 이성적 존재라고 했고,

스탈린은 그 누구의 비판도
받아들이지 않았지.

하지만 플라톤 스스로도
완전 국가는 존재하기
힘들다고 했어.

결국 완전 국가가 불완전 국가로 변하는
것이 역사라고 했거든.

불완전 국가의 첫 번째는 명예를 가장 중요한 것으로 여기는
군인정치로 스파르타가 바로 이런 형태의 나라였어.

두 번째는 부유한 소수가
가난한 사람들을 지배하는
과두제의 형태이고,

세 번째로 꼽은 것이 국민에 의한 정치인
민주정인데, 플라톤은 이에 대해
비판적이었어.
민중이 지배하는 건
질서가 없어서 안 돼.

참주정(Tyrannos)

정치적 동물 : 아리스토텔레스는 국가 없이 자기실현을 할 수 있는 존재는 신이 아니면 동물이라고 하면서 모든 인간은 정치적 동물이라고 했다.

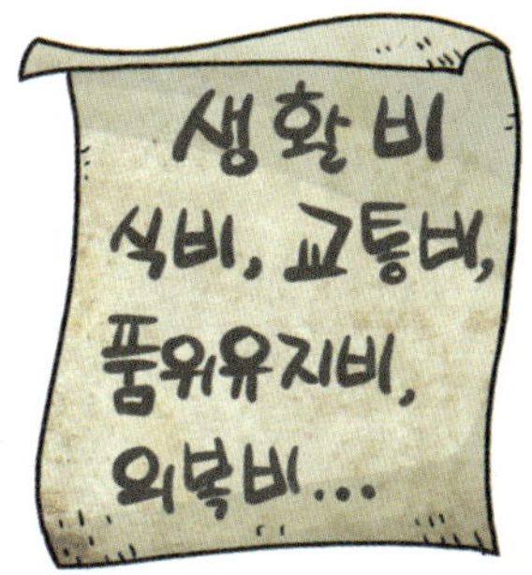

레스푸블리카(Respublica) : '물건'이라는 뜻의 res(레스)와 '시민' 또는 '대중'이라는 뜻의 publicus(푸블리쿠스)가 결합한 단어로 공화국이라는 의미를 지닌다.

카이사르(Gaius Julius Caesar, 기원전 100년~기원전 44년)

무려 1,100년이 지나서야 이탈리아 북부 지방에 나타나는데
북부
이탈리아

이 제도를 19세기 일본 학자들은 '공화정'이라고 번역했어.
흠흠, 번역하느라 힘들었스무니다.

하지만 이들이 '공화'라는 말을 새로 지어낸 것은 아니고 중국 역사에 등장한 단어를 빌려온 거지.
그.. 그런가?

중국 주나라의 여왕(厲王)이 왕위에서 쫓겨난 이후

왕 대신 주공(周公)과 소공(召公)이 공동으로 정치를 했던 시대를 '공화(共和) 시대'라고 불렀거든.
우리가 좀 했지..

우리나라 역시 이런 형태의 정치제도를 공화정이라고 부르지.
공화정
우리도 좀 쓰자..

그렇다면 '민주'와 '공화'는 어떻게 다를까?
민주
공화

그야 민주는 그리스에서 시작됐고, 공화는 로마에서 시작됐지!
그것도 맞아.

그리스에서 등장한 민주가 다수의 민중이 통치를 한다는 이론이라면
민중 통치

로마의 공화정은 이러한 민주의 원리가 직접 나라의 정치체제로 나타난 것이라고 이해하면 돼.
민주
통
쪽

로마 공화정의 장점에 대해 가장 설득력 있는 주장을 한 인물은
공화정

그리스 출신의 역사가인 폴리비우스야.

혼합정(Mixed Government)

몽테스키외(Montesquieu, Charles De, 1689년~1755년)

절대주의(Absolutism), 절대왕정(Absolute Monarchy)

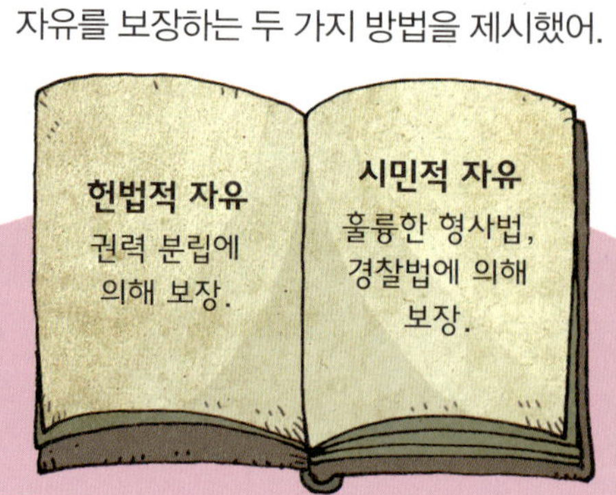

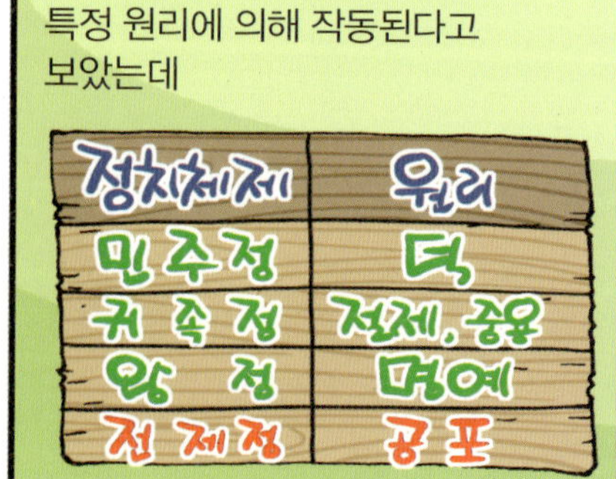

존 로크(John Locke, 1632년~1704년)

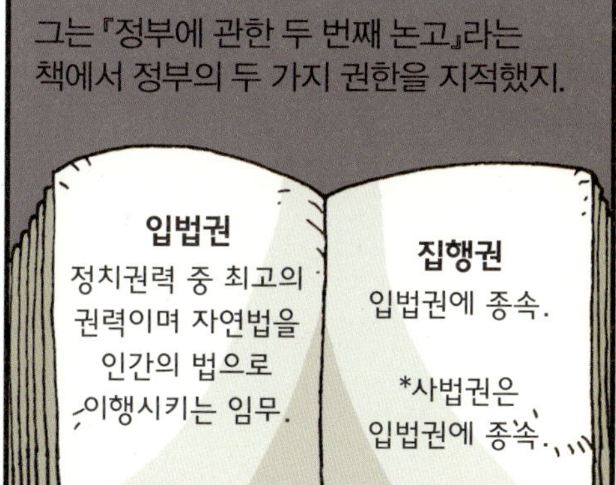

순식간에 멸망한 잉카 제국

　　1532년 11월 16일 8만 대군을 이끌고 있던 잉카의 황제 아타우알파는 168명에 불과한 스페인의 프란시스코 피사로의 군대에게 패하고 이들에게 붙잡혀 온갖 굴욕을 당한 끝에 처형을 당했어요. 황제의 죽음과 함께 잉카 제국은 스페인군에 의해 몰락하게 되죠. 콜럼버스 이전의 아메리카에서 가장 거대한 제국이었던 잉카는 이렇게 순식간에 사라진 것이에요. 어떻게 그런 일이 가능했을까요?

　　1532년 초 아타우알파가 5년간의 왕위 계승 전쟁에서 합법적 후계자이자 이복형이었던 우아스카르를 죽이고 '태양신'의 자리에 올랐을 때, 피사로는 아타우알파에게 사람을 보내 그를 자신의 진영으로 초청했어요. 아타우알파는 '설마 그들이 나를 어쩌겠어?'라는 자만심에 가득한 마음으로 수천 명의 비무장 호위병을 데리고 피사로의 초대를 받아들였지요.

　　피사로는 도착한 아타우알파를 환영하며 성경을 건넸어요. 그런데 이것은 스페인군의 계획된 음모였지요. 성경이 무엇인지 모르는 아타우알파가 초라한 선물에 화를 내며 성경을 던져 버리자 스페인군은 그것을 빌미로 아타우알파 일행을 습격했어요.

　　스페인군의 숫자는 많지 않았지만, 한번에 여러 명을 상대할 수 있는 대포와 총이 있었어요. 커다란 대포 소리와 불이 뿜어져 나오는 총의 모습에 수천 명의 비무장 잉카군은 우왕좌왕했고, 결국 퇴로를 막고 공격하는 스페인 군대에 완전히 패배하고 말았지요.

　　포로가 된 아타우알파는 금으로 자신의 목숨을 구하려고 했어요. 자신을 풀어 주면 방 하나를 금으로 가득 채워 주겠다는

잉카 제국의 마지막 황제 아타우알파.

약속을 한 것이지요. 피사로는 가로 6.7m, 세로 5.2m, 높이 2.4m나 되는 방을 가득 채울 만큼의 황금을 받았어요. 하지만 스페인군은 아타우알파를 풀어 주지 않았죠. 대신 금을 받은 뒤 아타우알파를 처형해 버렸어요. 황제가 죽은 뒤 잉카 제국은 아주 무력하게 몰락해 버렸답니다.

흥미로운 것은 황제가 무려 8개월이나 잡혀 있었는데 지휘자를 잃은 잉카 군대가 전혀 움직이지 않았다는 사실이에요. 황제를 구하기 위해 수만 명의 군대가 200명도 되지 않는 적을 공격할 생각조차 하지 못했던 것이죠. 왜 그랬을까요?

그 비밀은 종교와 정치가 결합된 잉카 제국의 지배 체제에 있었어요. 잉카인들에게 황제는 태양신과 동일한 존재였고 누구도 그를 대신할 수 없었거든요. 그래서 황제가 인질이 되었어도 그의 명령만 기다릴 뿐 아무런 대책을 세울 수도 없었고 독자적인 판단과 행동을 할 수도 없었죠. 지도자만을 바라보도록 훈련받은 사람들이 우두머리를 잃자 거대한 제국이 그토록 쉽게 몰락하게 된 것이죠. 만일 잉카 제국이 스스로 생각하고 결정내리는 것에 익숙한 민주주의 사회였다면 그토록 쉽게 무너지진 않았을 거예요.

아타우알파의 납치를 그린 그림.

2장 정치의 주체는 누구인가?

이 그림은 리비아에서 발견된 로마시대 검투사 모자이크의 일부분이야.

검투사의 모습은 영화 〈글래디에이터〉에서 잘 보여 주었는데

검투사들은 대부분 노예였지만 노예가 아닌 경우도 있었대.

검투 경기에서 황제가 엄지손가락을 올리면 승자는 패자를 살려 주고
만약 내리면 승자는 패자를 죽여야 했지.
이렇게 목숨을 살릴 수도, 죽일 수도 있는 로마 황제의 손가락, 그게 바로 권력의 상징이야.
즉, 권력은 '다른 사람을 복종시킬 수 있는 힘'이라고 할 수 있어.

막스 베버(Maximilian Weber, 1864년~1920년)

아돌프 히틀러(Adolf Hitler, 1889년~1945년)

합리적인 독일인들도 당시 상황을 잘 이용한 히틀러를 무조건 따르게 되었거든.
하이! 히틀러!!

그러나 그는 결국 독일과 세계를 전쟁의 재앙으로 몰고 갔고 세상을 완전히 폐허로 만들었지.

베버가 말한 마지막 유형은 법의 절차에 따라 통치하는 합리적 지배야.

현대의 민주주의 국가들은 모두 합리적 지배의 형태를 띠고 있어.

국민은 선거를 통해 권력자를 뽑는 권력의 주체인 동시에
뽑아주셔서 감사합니다~

권력의 지배를 받는 객체이기도 해.
말 잘 들어라!!
두 얼굴의 사나이

제레드 다이아몬드 (Jered Diamond, 1937년~)

사람들의 싸움을 중재해 주는 사람도 필요했지.

사람들을 대표하는 역할의 추장도 생기고 그를 돕는 사람도 생긴 거야.

이후 추장은 왕이 되고 그를 돕던 심부름꾼은 관료가 되었어.

권력을 유지하기 위해 싸움을 전문으로 하는 전사 계급도 생겼지.
나만 잘 지키면 돼!

전쟁을 통해 집단은 점점 더 커졌고, 문명이 발전하면서 지배-피지배 관계가 더욱 강화되었지.
고대국가
부족국가
씨족

루소(Jean Jacques Rousseau, 1712년~1778년)

루이 14세(Louis XIV, 1638년~1715년)

존왕(John Lackland, 1166년~1216년)

마그나 카르타(magna carta)

찰스 1세(Charles I, 1600년~1649년)

크롬웰(Oliver Cromwell, 1599년~1658년)

호국경 : 영국 혁명정권의 최고행정관.

제임스 2세(James II, 1633년~1701년)

명예혁명(Glorious Revolution)

윌리엄 3세(William III, 1650년~1702년)
: 제임스 2세의 딸인 메리 2세의 남편.

벤담(Jeremy Bentham, 1748년~1832년)

밀(J.S. Mill, 1806년~1873년)

특히 밀이 가장 두려워했던 건
바로 '다수의 횡포'로

다수결의 원리도 중요하지만 그보다
개인의 자유가 더 중요하다고 강조했지.
Freedom

정치제도의 역사는 곧 민주화의
역사라고 할 수 있어.

한 명의 독재자가 통치하다
국민 모두가 권력의
주체가 되고,

왕이나 소수가 마음대로
정치를 하다 법으로 통치를
하게 되고,

다수결의 원칙이
적용되지만 소수의 인권도
보장하는 시대로
변화하는 것.

이것이 바로
민주화야.

그래서 민주화를 제도화라는 말로 표현하기도 해.
민주화 = 제도화

제도를 통해 힘의 균형을 유지하여,
권력이 남용되는 것을 막는 거야.
제도
강제
균형
권력

영국은 이런 전통 속에서 의회내각제로 정착을 했고,
의회 다수당의 대표가 총리가 되어
의회가 모든 권한을 갖게 되었어.

이와는 달리 미국은 대통령제를
발전시켜 온 대표적 국가야.
대통령을 뜻하는 프레지던트(president)라는 단어는
라틴어 'praesidere'에서 나왔는데,

이 말은 'Prae(앞에)'+'Sedere(앉다)'의
결합이야.
Prae: 앞에
Sedere: 앉다

그래서 프랑스혁명 이전에는 프랑스 의회 의장을
프레지던트(president)라고 부르기도 했지.

물론 이 제도가 처음부터 완벽했던 건 아니었어.

루스벨트(Franklin. D. Roosevelt, 1882년~1945년)

밀스(C.W. Mills, 1916년~1962년)

이처럼 정치제도가 불완전한 건 인간이 완벽한 존재가 아니기 때문이야.
아~~
정환가 더 됐나??

따라서 우리는 의무를 다하면서 권리를 주장하고 있는지 스스로를 돌아보고,
의무

민주주의를 갉아먹는 부정부패엔 맞서 싸워야 해.
부정
부패
민주주의

미국의 수도 워싱턴에 있는 알링턴 국립묘지에는 이런 말이 있어.

"Freedom is not free!"
Freedom is not free!!

자유는 결코 공짜로 얻을 수 없다는 뜻이야.
Freedom is not free!!

더 나아가 자유를 추구하는 민주주의도 공짜로 얻을 수 없지.

우리 각자 최선의 노력을 다할 때 민주주의를 지킬 수 있는 거야.

알렉산드로스 대왕과 아리스토텔레스의 얄궂은 운명

아리스토텔레스.

인류에게 가장 큰 영향을 끼친 사상가를 꼽을 때 그리스의 위대한 철학자 아리스토텔레스를 빼놓을 수는 없어요. 아리스토텔레스의 생애를 살펴보면 정치적 환경이 한 사람의 운명을 어떻게 바꾸어 놓는지 잘 알 수 있답니다.

아리스토텔레스가 살던 고대 그리스 시대는 작은 도시국가들이 서로 으르렁거리며 싸우고 있을 때였어요. 학술과 문화를 대표하는 도시국가 아테네도 있었고 오로지 군사력을 최고의 가치로 여기던 도시국가 스파르타도 있었지요.

아리스토텔레스는 이런 다양한 도시국가 중에서도 변두리라고 할 수 있는 마케도니아에서 태어났어요. 그의 할아버지는 마케도니아 왕 아민타스 3세의 주치의였고 아민타스 3세의 손자가 바로 알렉산드로스 대왕이에요.

18살이 된 아리스토텔레스는 철학자 플라톤이 학술의 도시 아테네에 창립한 '아카데메이아'로 유학을 갔어요. 아카데메이아는 인류 최초의 고등교육기관, 즉 대학의 기원이라고 할 수 있죠. 아리스토텔레스는 이 아카데메이아에서 20여 년을 공부하며 스승 플라톤과 어깨를 나란히 하는 철학자로 성장하게 되었지요.

아리스토텔레스는 플라톤이 타계한 후 아테네를 떠나 여러 곳을 여행하다 마케도니아 왕가와의 인연으로 2년간 마케도니아의 황태자였던 알렉산드로스의 가정교사로 지내게 되었지요. 그리고 다시 자신의 정신적 고향인 아테네로 돌아와 '리케이온'이란 학원을 세워 제자들을 가르쳤어요.

한편 아리스토텔레스가 아테네에서 열심히 가르치고 공부하던 때 알렉산드로스는 마케도니아의 왕이 되어 세계 정복에 나섰어요. 아테네도 결국 마케도니아의 손에 들어가게 되었는데, 아테네 시민들은 아리스토텔레스가 알렉산드로스를 가르친 마케도니아 인이라는 이유로 그를 미워했어요. 아리스토텔레스의 가르침 때

문에 알렉산드로스가 세계 정복을 꿈꿨다고 생각했던 거죠.

하지만 사실은 전혀 달랐어요. 알렉산드로스가 전장을 누비고 있을 때 아리스토텔레스는 마케도니아의 행보에 대단히 비판적이었다고 해요. 알렉산드로스의 죽음이 독살이라는 소문이 퍼졌을 때 오죽하면 그 배후에 아리스토텔레스가 있다는 말이 마케도니아에 돌았을까요?

모자이크로 장식된 알렉산드로스 대왕.

알렉산드로스가 죽고 나자 아테네 시민들은 마케도니아에 대해 직접적인 적개심을 드러내기 시작했고 그 타깃은 아리스토텔레스가 되었어요. 아리스토텔레스는 고민 끝에 아테네를 떠나기로 하고 이렇게 말했어요.

"아테네인들이 철학에 대한 두 번째 죄를 짓게 놔두진 않겠다."

아리스토텔레스는 자신이 이곳에서 복수심에 불타는 아테네 시민의 먹잇감이 된다면 그가 사랑한 아테네와 그 시민들이 '철학자를 죽인 살인자'로 두 번씩이나 기록될 것을 염려했어요. 그들은 이미 플라톤의 스승인 소크라테스를 독살했으니 자신마저 여기서 죽임을 당한다면 아테네 시민은 소크라테스와 아리스토텔레스를 죽음에 몰아넣은 민족으로 역사에 남을 게 뻔했지요.

아테네를 조용히 떠난 아리스토텔레스는 어머니의 연고지였던 에우보이아 섬의 칼키스에서 영원히 잠들었어요. 아리스토텔레스는 역사상 가장 위대한 철학자였고 많은 존경을 받았지만 그 시대의 정치적 환경은 그가 외롭고 쓸쓸한 죽음을 맞게 만들었지요.

성지순례 : 종교적 의무 또는 신앙심을 높이기 위한 여행.

십자군 전쟁의 원인처럼 사람들 마음속에 뿌리 깊은 신념체계를 '이데올로기'라고 해.

십자군 전쟁은 종교 이데올로기에서 비롯된 전쟁으로

종교 이데올로기는 내세와 관련이 있지.

내세(來世) : 죽음 후 세상.

유토피아(utopia)

데스튀트 드 트라시(Destutt de Tracy, 1754년~1836년)

토마스 홉스(Thomas Hobbes, 1588년~1670년)

자기 욕심을 채우기 위해 다른 사람과 싸우게 된다는 거야.
뭔 소리여~ 내 땅이야
내 땅이라니까

홉스의 "만인에 대한 만인의 투쟁"이란 말은 이 이론을 설명하기 위해 나온 말이지.
인간의 이기심
= 만인의 만인에 대한 투쟁

만인에 대한 만인의 투쟁이 계속되면 어떻게 될까?

인간 세상은 지옥으로 변하고 말 거야. 죽고 죽이는…

홉스는 인간의 이기심으로 개인이 피해 받는 것을 막기 위해 전제군주나 국가가 필요하다고 했어.

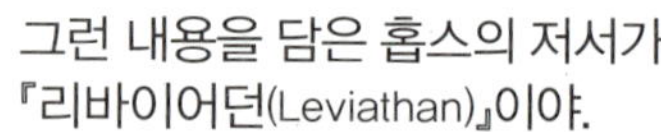

그런 내용을 담은 홉스의 저서가 『리바이어던(Leviathan)』이야.
리바이어던은 성경에 나오는 괴물이야.
크아아

국가는 리바이어던처럼 반갑지 않은 존재지만 개인의 안전을 지키기 위해서는 어쩔 수 없이 필요하다고 했어.
국가는 리바이어던이며 그 누구도 그를 사랑하지 않는다.
국가는 필요악!
But 국가는 개인의 안전 봉사자이다.

특히 재산 역시 신이 만든 자연에 인간이 노동력을 가한 결과물이기 때문에 자연권이라고 했지. 홉스의 이론과 로크의 자연권 사상은 국가에 대해 새롭게 인식하게 했고, 이 시기 발생한 여러 혁명의 이론적 발판이 되었어.

그중 하나는 미국독립혁명이야.

본래 영국의 식민지였던 미국은 영국에게 자본을 착취당하고 있었어. 이런 것을 식민정책이라고 해.
식민정책
식민정책의 목적은 본국을 위해 식민지를 이용하고 착취하는 것에 있다.
미국은 원료를 영국에 제공하고 영국이 만든 상품을 수입해야 해!

미국은 영국 이외의 나라와는 무역을 할 수도 없었고
어딜 봐!
무역
미국

산업시설을 만들 수도 없었지.
시키는 일이나 잘해~!!
식민지

영국은 식민지인 미국의 경제가 발전하는 걸 원하지 않았거든.

미국 정착민들은 영국의 정책에 화가 났고
식민정책

자연스럽게 그들 마음속에 '자유주의'가 팽배하게 되었지.
자유
자유
자유
자유
자유
자유
자유
자유
자유
자유

토머스 페인(Thomas Paine, 1737년~1809년)

상식(Common Sense)

앙시앵 레짐
프랑스어로 '옛 제도'를 의미하는 말로,
일반적으로 프랑스혁명 전의
절대군주체제를 말한다.

삼부회(Etats–Generaux)

8월 4일에는 봉건체제 폐지 법령을 공포했고

「인간과 시민의 권리선언」이 발표되었어.

인권 선언

프랑스 인권선언이라고도 해.

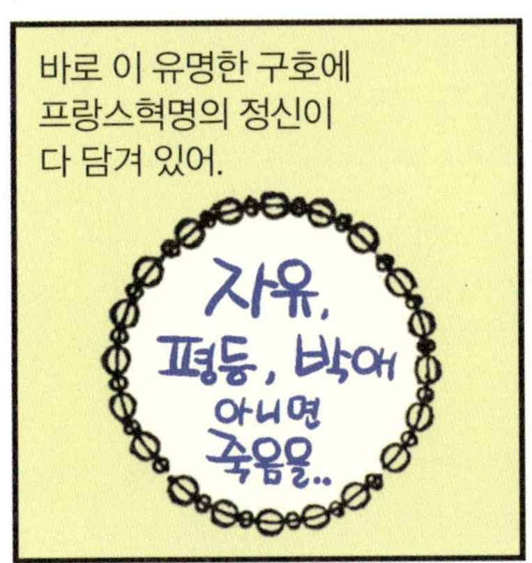

바로 이 유명한 구호에 프랑스혁명의 정신이 다 담겨 있어.

자유, 평등, 박애 아니면 죽음을..

프랑스혁명은 자유주의의 승리이긴 했지만 미국혁명과는 차이가 있었어.

무슨 차이가 나?!

미국의 자유주의는 모든 국민의 '상식'이 되었지만

프랑스의 자유주의는 소수 급진 혁명가들의 구호로 변했고,

자유를 위하여~

국민적 합의가 완전히 붕괴되어 버렸어.

와르르

국민적 합의

소수 혁명가는 권력을 유지하기 위해
더욱 강압적인 방법을 사용했고,

나를
따르라!!

자유를 누리려고 시작한 혁명의
결과는 독재로 끝나게 돼.

왜
안 따라요?

그 독재의 정점이 바로 나폴레옹이야.

유럽은 이제
내 거야!

자유주의
자유주의
자유주의
자유주의
자유주의

나폴레옹은 유럽 정복전쟁을 통해
프랑스의 자유주의를 곳곳으로
전파하려고 했으나

1815년 워털루(Waterloo) 전쟁에서 패배해
실패하고 말았어.

이후 유럽은 자유주의와는 반대방향으로 가기 시작했어.

당연히
이 길이지..

보수주의

자유주의

샤토브리앙(Châteaubriand, 1768년~1848년)
보수주의자(La Conservatiste)

버크(Edmund Burke, 1729년~1797년)

베이컨(Francis Bacon, 1561년~1626년)

파스칼(Blaise Pascal, 1623년~1662년)

콩도르세(Condercet, 1743년~1794년)

덩샤오핑(鄧小平, 1904년~1997년)

한스 콘(Hans Kohn, 1891년~1971년)

프랜시스 후쿠야마(Francis Fukuyama, 1952년~)

녹색당의 출현,
'미래는 환경이다'

사람들이 집단적으로 어떤 가치를 추구하면 그것은 이데올로기가 돼요. 그런 점에서 오늘날 새롭게 떠오른 이데올로기 중 하나는 생태주의, 환경주의라고 할 수 있어요. 생태와 환경이라는 이슈는 새로운 정치적 운동의 가능성마저 제시하고 있으니까요.

환경의 심각성을 고발한
다큐멘터리 영화 〈불편한 진실〉.

미국 부통령을 역임했던 앨 고어(Al Gore)는 지구온난화가 불러온 심각한 환경위기를 전 인류에게 알리기 위해 전 세계를 돌며 강연을 했는데, 그 강연 내용을 다큐멘터리로 만든 것이 바로 영화 〈불편한 진실〉이에요. 이 영화는 많은 주목을 받았고 2007년 아카데미상 시상식에서 다큐멘터리 상을 수상하기도 했어요. 이 영화는 지구가 뜨거워져 극지방의 빙하가 사라지면 해수면이 상승해 엄청난 문제가 발생할 것이라는 내용을 담고 있지요.

정치인들이 환경문제에 관심을 가지게 된 것은 사실 이보다 훨씬 오래 전부터예요. 특히 독일에서는 환경보호 단체들이 일찍부터 시민운동을 통해 환경문제의 심각성을 알려 왔어요. 그러나 시민운동만으로는 부족하다고 생각한 시민단체들이 모여 1979년 '녹색당'을 창설하게 되었어요. 직접 정치권에 진출해 환경문제를 더욱 적극적으로 해결하겠다는 것이었죠.

녹색당은 처음에 지방의회 선거에서 소수의 의석을 확보하는 데 그쳤으나 1984년 총선거에서 5.6%의 지지율로 마침내 연방의회에 진출했어요. 환경문제를 앞세운 정당이 사상 처음으로 독일에서 세력화한 것이지요. 녹색당은 환경문제 해결을 최우선 과제로 내세우며 연방 정치에 상당한 영향력을 행사하기 시작했어요. 특히 환경문제의 심각성이 본격적으로 이슈화되면서 다른 정당들도 환경문제를 중요하게 생각하지 않을 수 없게 되었지요.

독일 녹색당은 주로 젊은 층과 여성들의 지지를 받고 있으며, 다른 일반적인 정당과는 달리 조직 내에서 상하 관계도 없는 완전한 민주주의 방식으로 운영되고 있어요.

독일 녹색당이 정당으로서 활발한 활동을 보이자 유럽 전역에 녹색당이 생겨나게 되었어요. 유럽 각국의 녹색당은 서로 힘을 합쳐 모든 사안에 공동으로 대처하는 등 하나의 세력으로 뭉쳐 유럽의 환경보호에 더욱 힘을 쓰고 있죠.

녹색당 로고.

한국에서도 녹색당을 창당하려는 움직임이 있었어요. 2001년 〈한국 녹색당〉이 정당으로 등록했지만 정당 유지 조건을 채우지 못해 사라지고 말았고, 〈녹색평화당〉이란 정당이 서울시장 후보를 낸 적도 있어요. 그 후에도 〈녹색정치준비모임〉 등이 결성되기도 했지만 정당으로서는 성공하지 못했어요. 4대강 개발 등을 놓고 갈등이 있을 때 녹색당이 있었다면 좀 더 합리적으로 문제를 해결할 수 있지 않았을까 하는 아쉬움이 생겨요.

그런데 왜 한국에서는 녹색당이 실패했을까요? 우리나라의 환경운동가들은 서로 다른 점이 많아서 하나의 정당으로 뭉치기가 힘들다고 해요. 그래서 국민의 지지를 받기도 힘들죠. 또한 우리나라에서는 아직까지 환경문제 등의 이슈보다는 지역 문제 중심의 투표가 많이 이뤄지기 때문이기도 해요.

환경문제는 우리 모두의 생존과 관련될 만큼 그 중요성이 커져 가고 있어요. 녹색당의 출현도 중요하겠지만 우리 스스로 환경을 보호하고 지키기 위해 노력하는 게 더 중요하답니다.

4장 권력과 정치의 희생양이 주는 교훈

아주 오래 전부터 유태인들은 1년에 한 번 '욤 키푸르(회개의 날)'를 가졌는데
오! 신이시여~

그 의식의 마지막엔 양을 속죄의 제물로 바쳤다고 해.
매애애

이 양은 모든 이스라엘 사람들의 죄를 뒤집어쓰고

광야로 쫓겨나 죽임을 당하기 때문에 이 양을 '희생양'이라고 했어.
꼴까닥

여기에서 유래한 게 바로 '희생양 이론'인데
희생양 이론

어떤 세력이 의도를 가지고 특정 개인이나 집단을 매장시키는 걸 말해.
당해봐라~!!
희생양

영국과 프랑스가 1337년부터
116년간 벌인 전쟁을
'백년전쟁'이라고 해.
영국
프랑스
이 전쟁의 말기에 위기에 빠진
프랑스를 구하는 인물이 나타났는데
바로 잔다르크야.
그녀는 군대를 이끌고 영국을 물리쳐
프랑스의 영웅이 되었지.
와아아
잔다르크(Jeanne D'Arc, 1412년경~1431년)

마지막에 영국군의 포로로 잡힌 그녀의 죄목은 '마녀'였어.

잔 다르크는
마녀다.
따라서 화형에
처한다!

르네 지라르(Rene Girard, 1923년~)

농민들의 불만을 다른 데로 돌리려는 음모로 마녀사냥이 시작된 거지.

해리스가 조사한 바에 의하면 마녀로 몰린 대부분이 하층의 부녀자들이었대.
우리가 뭘 어쨌다고~?!
귀족 출신이 마녀로 몰린 경우는 3건밖에 없었고.

마녀사냥은 농민들 간에 불신을 만들어 냈고
혹시 저 놈아냐?

서로 믿지 못하니까 단결해서 교회를 상대로 반란도 일으킬 수 없었어.
흥!

결국 자신들이 가난한 건 교회나 영주 때문이 아니라 마녀 때문이라고 믿기 시작한 거야.
다 저 놈의 마녀 때문이야!

이렇게 해서 많은 사람들이 교회와 영주들의 농간 때문에 죽게 되었지.

이런 끔찍한 역사는 지금까지 계속되고 있어.

20세기에 들어서서 가장 끔찍한 일은 유태인 학살이었어.
다 묻어 버려!!

당시 독일은 제1차 세계대전의 패전국으로 1,320억 마르크의 배상금을 물어야 했지.

그 돈을 충당하기 위해 어마어마하게 많은 화폐를 찍어냈고

그 결과 독일 화폐의 가치가 떨어져서 고기 1파운드를 사는 데 3조 마르크가 필요했다는 거야.

화폐의 가치가 장작만도 못해
앗뜨거~

장작 대신 돈을 태워 난방을 했고,

아이들은 장난감 대신 돈을 갖고 놀았어.
앗싸!

당시 독일의 국민들은 열등감과 무력감이 가득했는데,

이때 히틀러가 나타나서 사람들을 선동했지.
독일인은 가장 우수한 민족인데 나쁜 유태인들이 우릴 이렇게 만들었다!
하이! 히틀러!!

결국 6백만 명의 유태인들이 제2차 세계대전 중 나치에 의해 희생되었지.

매카시즘(McCarthyism)

찰리 채플린(Charlie Chaplin, 1889년~1977년)

스탈린(Stalin, 1879년~1953년)

고려인 : 러시아를 비롯한 독립국가연합에 살고 있는 한국인 교포.

1930년대 당시 약 17만 명의 고려인들이 살고 있었는데
휴~ 겨우 정착했네..

1937년 9월 1일 스탈린이 갑자기 이주 명령을 내렸어.
일본 스파이를 차단하기 위해 용모가 비슷한 고려인은 중앙아시아로 이주하라!

고려인 모두를 강제로 중앙아시아로 옮기라는 거였지.
17만 명 전부 다?

강제 이주에 반대할 가능성이 높은 지식인 2천8백여 명은 미리 총살해 버렸대.
탕

재판도 없이 많은 사람이 죽은 거야.
화르르르

사람들을 음식도, 물도, 화장실도 없는 소나 말을 태우는 화차에 실어
덜컹
덜컹
덜컹
덜컹
덜컹
짧게는 30일, 길게는 50일을 달렸지.

부모와 함께 추방당한 어린이들 가운데 60%가 중간에 죽고 말았고,
아가야~

약한 어린이들이 먹을 게 없어 굶어 죽고, 추위에 얼어 죽고….

중앙아시아에 도착하자 한겨울 허허벌판에 고려인들을 내려놓고 열차는 떠나버렸지.
휘이이이이~

또한 전 국민이 권력의 희생양이 된
끔찍한 일이 벌어진 나라가 있는데
바로 캄보디아야.

캄보디아는 세계문화유산으로 지정된
앙코르와트 사원으로 널리 알려진 나라지.

폴 포트(Pol Pot, 1925년~1998년)

그는 1979년까지 4년간 집권하며 공산주의의 순수성을 주장했는데,
반 공산주의자는 모두 죽여라!
크메르 루즈

안경을 쓰거나 손이 고와도, 어쩌다 영어를 한마디 해도 반 공산주의자로 몰렸어.
넌 손이 고우니 반 공산주의자! 처형하라!

이렇게 죽은 사람이 3년간 3백만 명이 넘었대.

당시 인구가 8백만이었으니 전 국민 세 사람 가운데 한 사람이 죽임을 당한 거야.

그래서 당시 캄보디아는 '킬링필드(Killing Field)' 즉, 죽음의 들판이라고 불리웠고
죽음의 들판

아직도 작은 마을까지 수많은 유골이 쌓여 있어.

중국에도 희생양이 된 민족이 있는데, 바로 '티베트 자치구'가 된 티베트야.
중국
티베트
네팔
인도

7세기경 티베트의 여러 부족이 통일되자
흥..

새로운 나라에 환심을 얻으려고 중국 당나라에서는 문성공주를,
안 그래도 되는데..

네팔에서는 부리쿠티 데비 공주를 시집보냈지.
우리랑 사귀자!

이 두 공주가 오면서 티베트에 불교가 전파되었다고 해.

불교는 티베트의 토속 종교를 누르고 국교가 되었고
불교

불교의 최고 지도자가 나라를 다스리는 일종의
신정(神政)체제를 확립했어.

티베트의 지도자이면서 살아 있는 부처님으로
추앙받는 존재가 바로 '달라이 라마'야.
현 14대 달라이 라마는 1989년 노벨 평화상을
받은 세계에서 가장 유명한 종교지도자의
한 사람이지.

그가 재위하던 1950년 중국이
티베트를 무력으로 정복해 어쩔 수
없이 합병되었지만
티베트

티베트 인들은 계속 중국에
저항을 했고,
티베트

1959년에 티베트에서 반(反) 중국 반란이
일어나자 중국은 군대를 투입해,
무자비한 진압을 펼쳤어.

달라이 라마는 인도로 망명하여 티베트
망명 정부를 세우고 독립운동을 계속했어.

달라이 라마 망명 직전에도 티베트 인 1만 5천여 명이 학살되었고

그 후 1년간 모두 8만 7천여 명이 더 학살당했으며,

100만 명의 불교 승려가 종교를 포기할 것을 요구 받기도 했어.
죽을래? 승려를 그만둘래?

탄압은 그 뒤에도 계속 되었고, 희생자는 13만 명이 넘는다고 해.
빨리 포기해!!

중국은 아예 티베트의 정체성을 없애기 위해
으앗 티베트에 가서 살아!!
한 족

한족을 티베트에 이주하게 하게 했어.
자연스럽게 정체성을 없애는 거지.

티베트 망명 정부에 따르면 이 지역에 거주하는 티베트 인은 6백만 명인데 한족은 750만 명이나 된다고 해.
그만 좀 와~!!
우리 연구가 많아서...
티베트인 한족

티베트 인은 중국 소수민족 정책의 희생양이 된 거야.
위잉~
티베트

중국 내에서 공식 인정을 받은 소수민족만 모두 56개 민족인데
아창족 창족 어위쓰족 시버족

중국 정부에 반항하면 어떻게 되는지 본보기로 보여 준 게 바로 티베트였지.
너희들도 반항하면 티베트처럼 될 거야!

'희생양 메커니즘'을 주창한 프랑스 문화 이론가 지라르는 이렇게 말했지.
문화, 종교, 인종적 소수파에게 차별을 부과하지 않는 사회는 거의 없다.

희생양이 생기면 나머지 사람들은 모두 똘똘 뭉치고 협력을 한대.
소수민족

르 봉(Gustave Le Bon, 1841년~1931년)

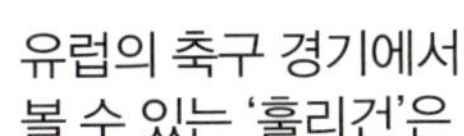

알프레드 드레퓌스(Alfred Dreyfus, 1859년~1935년)

에밀 졸라(Émile Zola, 1840년~1903년)

섣부른 군중심리는 특정 개인이나 집단을
순식간에 희생양으로 만들어 버리는데,

과거의 역사를 보고 희생양을 만든 지도자를 비난하기는 쉬워.

민주주의라는 것은 다수의 권리뿐만 아니라 소수의 인권을 지키고 희생양을 만들지 않을 때 빛이 나는 거야.

그러나 우리는 지금 주변에 이런 희생양이 없는지 늘 살펴보고,

만약 그런 일이 있다면 에밀 졸라처럼 진실을 말해야 하는 거야.

그것 역시 가장 중요한 민주주의의 원칙인 거지.

영국의 시인 드라이든은 이런 시를 남겼어.

드라이든(John Dryden, 1631년~1700년)

우리가 지켜 나가야 할 위대한 민주주의도 용기 있는 자만이 가질 수 있는 거야.

그것이 바로 어두운 희생양의 역사가 우리에게 주는 교훈이라고 할 수 있어.

절대 권력은 절대 부패한다

영국 케임브리지 대학의 역사학 교수였던 액튼 경(Lord John Acton, 1834년~1902년)은 이런 말을 남겼어요.

"권력은 부패하기 쉽다. 절대 권력은 절대적으로 부패한다."

이 말은 가진 힘이 크면 클수록 광기에 휩싸여 부패할 수밖에 없다는 뜻이에요. 역사상 가장 부패한 권력자로 평가받는 인물은 로마의 네로 황제랍니다. 네로가 광기의 권력자로 유명해진 가장 큰 사건은 기원후 64년 발생한 로마의 대화재인데, 불을 지른 사람이 바로 네로라는 설 때문이에요. 수도를 옮기기 위해서라는 둥 예술적 혼을 불사르기 위해서였다는 둥 여러 가지 이야기가 있었죠. 네로가 그리스도교인들을 박해하기 시작한 것도 결국 그 책임을 떠넘기기 위해서라는 이야기도 있어요.

네로 황제(Nero, 37년~68년).

하지만 로마의 역사에는 네로가 로마에 불을 질렀다는 기록은 없어요. 다만 "로마가 불타고 있을 때 네로가 지붕에 올라 하프를 타고 노래를 불렀다."는 후대의 소문이 '광기의 네로'를 만들어 낸 것이죠.

현대의 로마사 연구가들은 그의 누명을 많이 벗겨 주었어요. 대화재 이후 네로는 오히려 신속하게 진화와 구조 작업을 진행했다는 증거가 있으며, 또 20만 명이나 되는 이재민을 위해 임시 거처를 만들고 긴급 구호도 잘 했다는 거예요.

네로를 가장 잘 변호한 사람은 독일의 소설가이자 역사가인 필리프 반덴베르크(Philipp Vandenberg, 1941년~)예요. 그는 『네로-광기와 고독의 황제』라는 책에서 네로 황제 시대의 로마가 정말 평화로운 시대였고, 이민족과의 교류도 많았던 때로 평가했어요. 그는 네로가 대화재를 일으키지 않았을 뿐만 아니라 그 책임 전가를 위해 그리스도교인을 박해했다는 근거도 찾을 수 없다고 했어요. 다만 권력을 잡으려 온갖 끔찍한 일을 저질렀던 네로의 어머니 아그리피나의 희생자라는 것이죠.

  네로는 아그리피나와 그녀의 첫 번째 남편 사이에서 태어났고, 클라우디우스 황제는 아그리피나의 세 번째 남편이었죠. 아그리피나는 황제의 친아들이 있는데도 자신의 아들인 네로를 황태자로 만들고 결국 황제를 독살해 버렸어요.

  네로가 어린 나이로 황제가 되자 섭정을 하게 된 아그리피나는 권력을 휘두르다 아들과 부딪히게 되었고, 네로는 어머니의 비뚤어진 욕망에 괴로워하다 결국 어머니를 죽이고 자신도 자살하게 되었죠.

  반덴베르크는 이 책에서 네로보다 그의 어머니 아그리피나에 더 초점을 맞추었어요. 절대 권력을 가지려 했던 한 여인의 악행과 음모, 술수를 더 많이 분석했으니까요. 권력은 스스로 통제하지 못하면 비극적 결말을 맞게 된다는 진리가 그녀를 통해 다시 한 번 증명되었어요.

  그렇다고 네로가 부패한 권력의 책임에서 자유롭다는 건 아니에요. 로마시대의 역사가 타키투스는 『로마제국 연대기』라는 책에서 이렇게 네로를 묘사했어요.

  "네로는 주체할 수 없는 욕망을 가진 매우 타락하고 방종한 황제이다. 로마인들은 도덕관념조차 오래 전부터 방탕했다."

  로마의 권력은 황제 1인에게로 모아져 독재정치가 되었고 결국은 자신과 로마 시민들 모두를 타락시켰다는 지적이에요. 권력에 적절한 견제 장치가 없다면 절대 권력이 될 수밖에 없고 그 절대 권력은 절대적으로 부패하게 된다는 걸 보여 준 이야기지요.

절대 권력은 절대 부패한다는 것을 보여 준 아그리피나.

서출 : 본처가 아닌 첩이 낳은 자식.

허균(許筠, 1569년~1618년)

블레이크(William Blake, 1757년~1827년)

그것이 바로 모두가 평등할 인간의 권리, 즉 인권이야.

그동안 세계 역사에서 인권이 침해 당하는 일이 너무나 많았어.
인종차별 계급차별

그래서 많은 선각자들이 인권의 중요성을 강조해 왔지.
인권

독일 철학자 칸트는 「도덕 철학의 근본원리」라는 책에서

인간을 목적으로 대하는 것이 최고의 도덕이며,
인간을 수단으로서가 아니라 목적으로 대우하는 의무가 최고의 도덕원리이다.

어떤 예외도 인정될 수 없다고 못 박았어.
무조건 안 돼!
도덕원리

하지만 그의 목소리를 귀담아 듣는 정치가나 권력자가 없었지.
인간이 갖는 권리!
뭐라는 거야?!

인류는 겨우 20세기 후반이 되어서야 인권에 눈뜨게 됐거든.
대답하라! 인권, 인권!

그것은 제1차 세계대전에서 3천2백만 명 이상이 죽거나 부상하고,

제2차 세계대전에서 사망자가 4천7백만 명이 넘은 후의 일이지.

엄청난 비극을 겪고 나서야 인간은 인권에 대해 인식하기 시작했는데
세계 인권

1948년 유엔이 채택한 「세계인권선언」이 그 출발이었어.
세계 인권선언

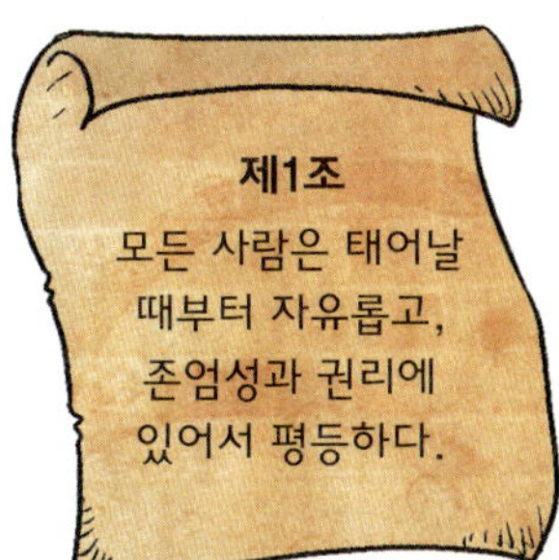

인권선언은 이렇게 시작해.
제1조
모든 사람은 태어날 때부터 자유롭고, 존엄성과 권리에 있어서 평등하다.

그러나 실제로 인권이 개선되기까지는 참으로 먼 길이었어.
도대체 얼마나 더 가야 돼!

수많은 사람들이 인권을 지키기 위해 목숨을 걸었지.

한 예를 들어 볼게. 1950년대 미국에선 흑인이 버스를 마음대로 탈 수도 없었어.
백인 전용
백인전용

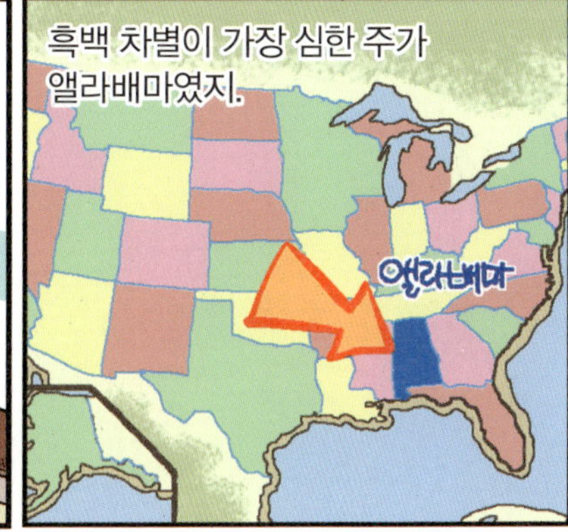

흑백 차별이 가장 심한 주가 앨라배마였지.
앨라배마

앨라배마의 시내버스 앞 4줄은 백인 전용이고, 흑인은 뒷자리에만 탈 수 있었는데
버스가 꽉 차면 흑인은 무조건 내려야 했지.
부아앙

그런데 1955년 앨라배마의 몽고메리라는 도시에서 사건이 생겼어.
앨라배마
몽고메리

로자 팍스(Rosa Parks)라는 흑인 여성이 버스에 타서

유색인종용 좌석 맨 앞자리인 다섯 번째 줄에 앉아 있었어.

그런데 백인 전용 좌석이 꽉 찬 버스에 또 백인들이 탄 거야.

마틴 루터 킹(Martin Luther King Jr., 1929년~1968년)

아프리칸스 어 : 영국 점령 이전 남아공에 정착한 유럽인들이 17세기 네덜란드어를 바탕으로 만든 언어.

넬슨 만델라(Nelson Rolihlahla Mandela, 1918년~1999년)

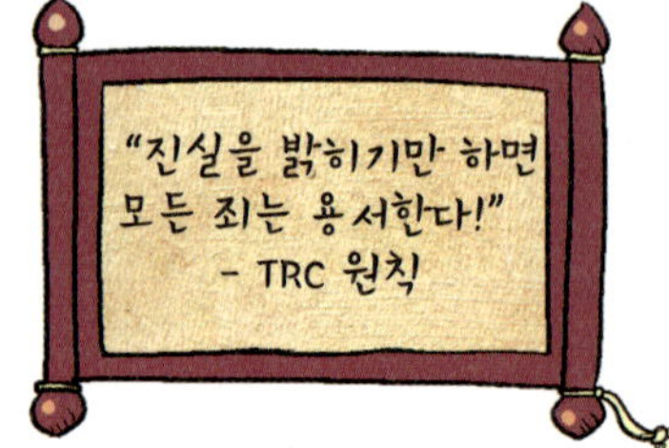

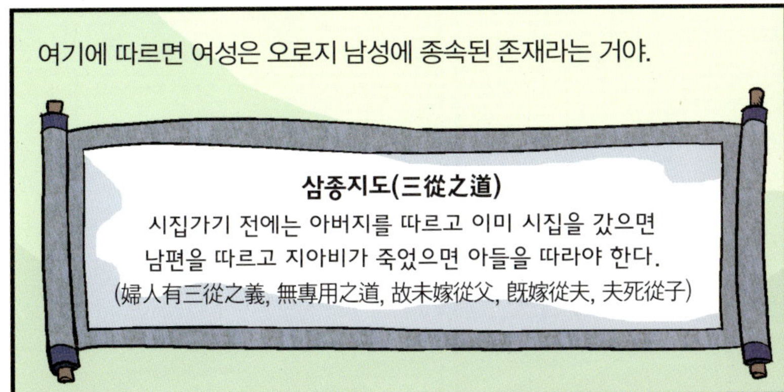

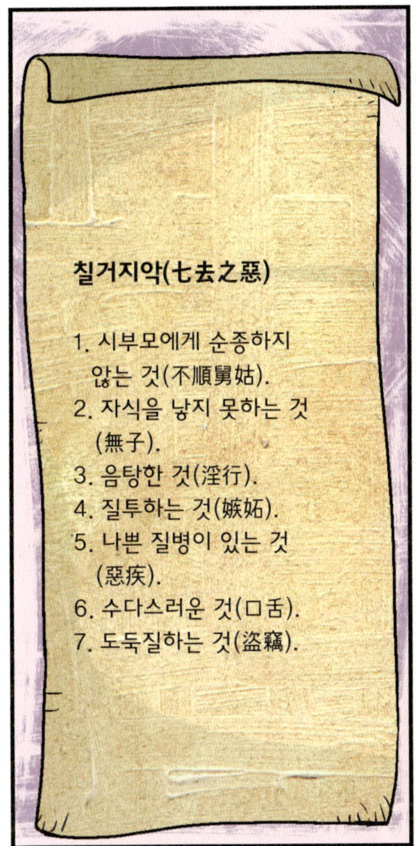

메리 울스턴크래프트(Mary Wollstonecraft, 1759년~1797년)

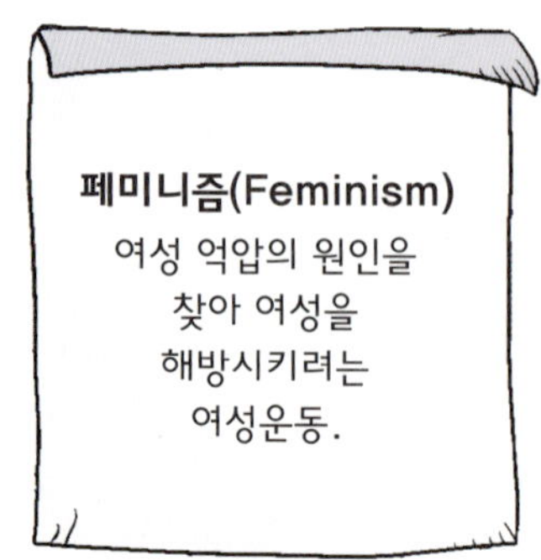

입센(Henrik Johan Ibsen, 1828년~1906년)

시몬느 드 보브와르(Simone de Beauvoir, 1908년~1986년)

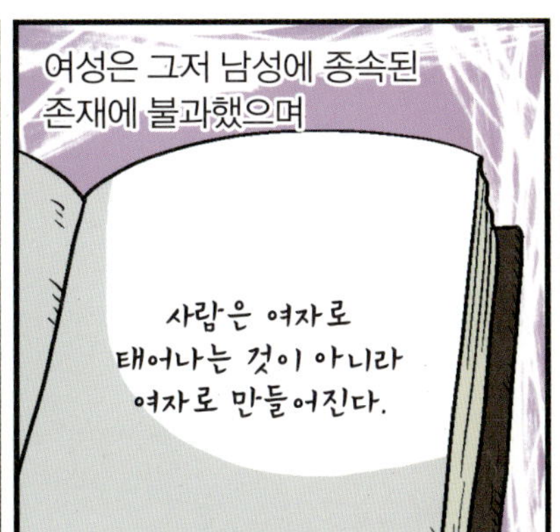

베티 프리단(Betty Friedan, 1921년~2006년)

세 아이를 키우는 전업주부였던 프리단은 여성 문제를 연구해서
이제 더 이상 못 참아~~!!
엄마! 밥 줘~
쿨쿨

1963년에 『여성의 신비』란 책을 출간했어.
여성의 신비
무..무슨 내용이지?

프리단은 미국이 여성들에게 '현모양처'를 강요한다고 비판했고,
여성들은 남편과 자식을 위해 모든 것을 바쳐야 한다는 거짓말을 퍼뜨리고 있어!

여성들 스스로 편안함이 보장된 중산층 가정에 안주하는 걸 강력히 비난했는데
중산층 가정은 여성의 편안한 포로수용소

이에 대한 미국 여성들의 반응이 가히 폭발적이었어.
베티!
베티!
아이 러브~
베티 프리단!!

이때 여성학도 학문의 한 분야로 자리잡게 되었지.
핫 군녀
인류학
여성학
사회학

이 시기는 여성의 인권이 향상되어 가는 전환기였다고 할 수 있어.
여성 인권

그럼 우리나라의 남녀평등 수준은 어느 정도일까?

수치가 높을수록 남녀평등이 잘 되어 있다는 건데, 2010년 발표를 보면 아이슬란드, 노르웨이 등 북유럽 국가의 수치가 높은 편이야.

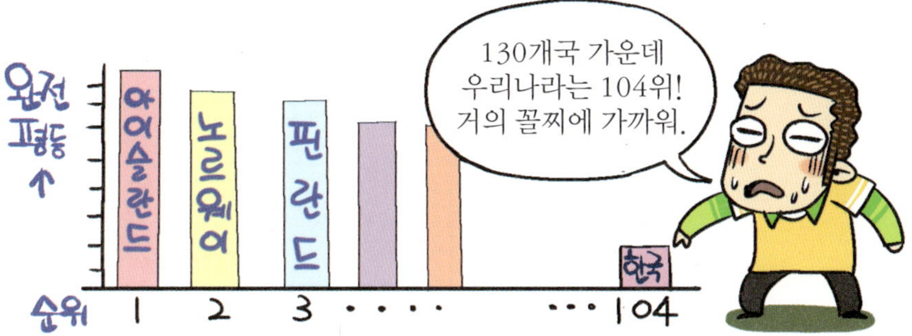

우리나라도 국민의 인권을 보호하고 높이기 위해 2001년에 국가인권위원회를 설립했어.

장애인, 비정규직 노동자, 외국인 노동자나 여성, 아동, 성적소수자 등

사회적 약자들의 차별 등 인권과 관련된 모든 일을 맡지.

한편, 또 다른 인권문제인 사형제도에 대한 찬반 논란이 뜨거운데,

찬성하는 사람들은 사형제도가 있으면
또각
또각

범죄의지가 약해진다는 주장을 하고,
엄마야~
이 범죄를 저지르다 잡히면 나도 죽을 텐데…

반대하는 사람들은 사형 폐지 국가의 사형제도 폐지 전후의 범죄발생 빈도를 조사한 결과
음..

범죄예방 효과도 거의 없을 뿐더러 오판의 가능성이 있다며
호 높은 한다 니께..

사형제 대신 종신형을 대안으로 내세우지.
오늘은 뭐하고 보내나?

2010년 기준으로 사형제도를 폐지했거나 사형을 집행하지 않는 나라는 약 128개국으로
사형? NO~

사형제도를 폐지하는 나라가 점점 늘고 있어.
폐지
폐지

10년간 사형이 집행되지 않으면 '사실상 사형 폐지 국가'로 분류하는데,
사형집행국가
사형폐지국가

우리나라 역시 1997년 이후 10년간 사형이 집행되지 않아 2007년에 사형제도 폐지 국가가 되었어.
10년 무사형

반면 전 세계에서 사형을 가장 많이 집행하는 나라는 중국으로
땅이 넓으니 사건도 많아서 그러지..
으악
으악
으악

사형 집행의 80% 이상이 중국에서 이뤄진다는 통계도 있어.
중국
뜨아~!

미국은 1972년 대법원의 명령으로 사형집행을 사실상 중단했다가 1976년에 연방 대법원이 사형제를 부활시켰는데
대법원
1972 STOP
1976 사형제부활

나머지는 이란, 사우디아라비아, 미국 등의 순위야.
이란
사우디아라비아
미국

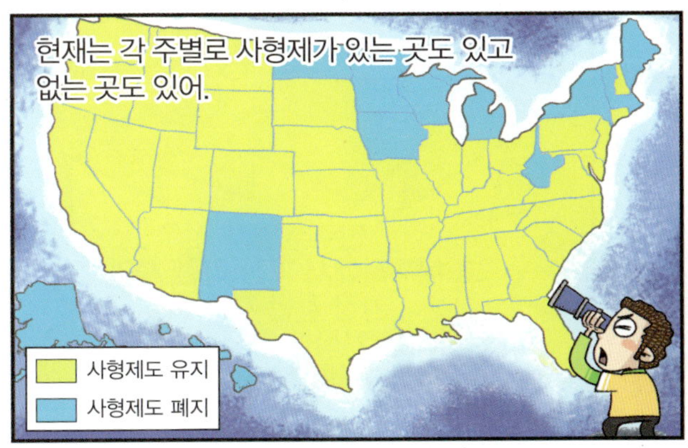

현재는 각 주별로 사형제가 있는 곳도 있고 없는 곳도 있어.
사형제도 유지
사형제도 폐지

하지만 법이 인권을 존중하는가 하는 문제보다 중요한 건 개개인의 인권에 대한 마음가짐이야.
인권

지구상에 있는 모든 국가는 문화와 법이 조금씩 다르지만

인간적으로 살아갈 권리가 있다는 공통점이 있는 만큼 우리는 모두 인권을 지키는 일에 관심을 기울여야 해.
Hi
안녕~

한편, 앞서 얘기했던 인권운동의 상징인 마틴 루터 킹이나
넬슨 만델라의 공통점은 마하트마 간디의 사상을 계승했다는 거야.

마하트마 간디(Mahatma Gandhi, 1869년~1948년)

민권운동 : 시민의 자유와 권리를 신장하는 시민운동.

인권의 사각지대, 중국

'중국'이라고 하면 인구가 어마어마하게 많은 나라라는 이미지가 떠올라요. 실제로 중국은 세계에서 인구가 가장 많은 나라예요. 2005년 1월에 13억 번째 인구가 태어났다고 중국 정부가 공식 발표를 했지만 이게 정확한 수치인지는 알 수 없어요. 워낙 인구가 많다 보니 조사기간 중 늘어나는 인구도 무척 많은데다가, 호적에 올리지 않은 아이들도 많아서 실제 인구와 인구조사 결과가 약 1억 명 정도 차이 난다는 얘기도 있어요.

그런데 이 많은 중국 사람들의 인권은 얼마나 지켜지고 있을까요?

중국에서는 급속한 경제발전 정책을 추진하는 과정에서 심각한 인권 문제들이 생겨났어요. 실제 1989년 6월 4일 수많은 대학생들과 시민들이 톈안먼(天安門) 광장에 모여 민주화 시위를 했는데 정부는 군대를 동원해 무력으로 이들을 진압했어요. 이 사건으로 많은 사람들이 죽거나 다쳤는데 그 숫자는 지금까지도 정확하게 알려지지 않고 있죠.

중국은 그 후 풍부한 노동력과 국가 지원을 바탕으로 '세계의 공장'으로 불릴 만큼 경제성장을 했어요. 과거 세계 경제의 가장 큰 손은 미국과 일본이었는데 2009년에 이르러 중국은 일본을 완전히 제치고 미국에 맞설 수 있는 유일한 경제대국이 되었죠.

그러나 중국의 인권 보호는 경제발전과 전혀 발걸음을 맞추지 못한 채 여전히 후진국 수준으로 남아 있었어요. 서방 각국은 중국에게 경제대국에 맞게 인권을 개선하라는 요구를 했지만 중국 정부는 이를 받아들이지 않았고, 2010년 중국 반체제 인사 류샤오보가 노벨평

베이징의 톈안먼 광장 : 중국군이 가두시위를 벌인 대학생들을 유혈 진압한 현장이기도 하다.

화상을 수상하면서 양측 간 갈등이 정점에 달했지요.

촉망받는 중국의 현대문학가이자 작가였던 류샤오보는 1989년 톈안먼사건 때 시위에 참여하면서 중국 인권운동 개선에 본격적으로 나섰어요. 그는 이 사건 이후 감옥에 갇혔고, 지금까지 투옥과 석방을 되풀이하며 민주화운동을 해 왔죠. 바로 이런 류샤오보가 노벨상 평화상을 수상하자 중국 정부는 "서방국가의 음모"라고 주장을 했고 이에 맞선 서방국가들은 "인권탄압을 중단하라"고 요구했죠.

중국의 경제는 급속히 세계경제로 편입되며 '큰손'으로 떠올랐지만 여전히 인권이 무시되고 있어 앞으로도 서방국가들과 인권 개선을 둘러싼 공방이 계속될 것으로 보여요. 특히 자유와 인권의 수호자임을 자청하고 있는 미국과의 기싸움이 심해지겠지요.

2011년 1월 후진타오 중국 국가주석이 미국을 방문했을 때 오바마 미국 대통령은 중국의 인권 문제를 언급하며 "인권문제는 미국 정책의 중요한 요소"라며 중국을 압박했어요. 중국은 이를 두고 "어떤 내정간섭도 있을 수 없다"며 한 발도 물러서지 않았죠.

그러나 양국 정상은 회담을 마친 뒤 "개별 국가와 국민들은 그들의 진로를 결정할 권리가 있다"고 밝혔어요. 표면적으로 미국이 중국의 입장을 수용한 것처럼 보이지만 중국과 다음에 인권 대화를 하기로 함으로써 명분은 중국이, 실리는 미국이 얻어낸 회담이었죠. 이번엔 두루뭉술하게 넘어 갔지만 언제든 폭발할 수 있는 이슈가 중국의 인권 문제랍니다.

류샤오보(劉曉波).

6장 전쟁을 막을 수는 없을까?
전쟁

축구!

세계에서 가장 인기 있는 스포츠지.
KOREA

그런데 왜 사람들은 축구를 좋아할까?

둥근 건 다 발로 차려는 게 인간의 본성이라서 그런 걸까?
볼링공

인간의 진화는 손으로 정교한 작업을 함으로써 이뤄져 왔기 때문에

손을 못 쓰게 하는 건 인간의 원시성과 관련이 있다는데

손을 쓰지 않는 축구가 인간의 원시성을 충족하기 때문에 인기라는 의견도 있어.
KOR
통

인간은 태초에 공격적인 성향을 지녔다는데
꽤액

기든스(Anthony Giddens, 1938년~)

원정팀 엘살바도르 선수단 숙소에
온두라스 사람들이 몰려 와서
엘살바도르 대표팀
우~
우~

밤새 노래하고 북치고 소리를 질러
엘살바도르 대표팀
잠 좀 자자!
우~
우~
우~

엘살바도르 선수들을
한숨도 못 자게 만들었어.
흥야~
흥야~

밤새 지친 엘살바도르 선수들은 경기 내내 헛발질을 했고
결국 1 대 0으로 온두라스가 이겼지.
흥!

일주일 뒤 이번엔 엘살바도르에서 경기가
열렸는데
엘살바도르 VS 온두라스
흥!
두고보자!
그러지
요..
기자회견

엘살바도르 사람들도 똑같이 갚아 주었고
뿌우
오오옷

이번엔 온두라스 선수단이 내내 헛발질을 했고
3 대 0으로 엘살바도르가 이겼어.
우웩

그리고 6월 27일 멕시코에서 양국은 최종 플레이오프를
가졌는데

후반전 끝날 때까지 2 대 2로 막상막하였다가
연장전에 엘살바도르가 한 골을 넣어 승리했어.

그런데 7월 14일 두 나라가
전쟁을 시작했고,
온두라스
엘살바도르

전쟁은 5일 만에 끝났지만
많은 사람들이 희생되었어.

'축구 전쟁'이라고 하는
이 전쟁의 원인은 매우
복잡한데

원래 축구 경기를 치르기 이전 이미 두 나라는
폭발 일보 직전의 관계였고,

축구가 그 폭탄에
불을 붙인 것뿐이었어.

엘살바도르는
땅도 좁은데다가
인구는 많은 반면
온두라스는
엘살바도르보다
5배나 넓은 땅을
가졌어.

이런 문제를 해결하기 위해
엘살바도르 사람들이 온두라스로
이민을 갔고,
땅이 너무 좋아

1969년경 약 30만 명의 엘살바도르 사람들이
온두라스에 살게 되었어.

그런데 온두라스 경제가 나빠져 격렬한 시위가 벌어지자,
경제를 망하게
한 정부는
물러나라!
물러나라!
정부 물러나라!
경제바닥 웬말이냐?
능력없는 갈아치

당시 온두라스 정부는 위기를 모면하기 위해
비열한 방법을 썼지.
경제 위기는
엘살바도르
이민자들
때문이다!
정부

온두라스 정부는 토지개혁을 빌미로
엘살바도르 이민자들의 땅을 다
빼앗고
이민자들의 땅을
모두 온두라스
시민에게 준다!
온두라스
정부

그들을 강제로 추방하기 시작했지.
온두라스
저리
안 가?

엘살바도르의 분위기는 좋지 않게 되었는데,
이글
이글
온두라스,
두고 보자!

퀸시 라이트(Quincy Wright, 1890년~1970년)

도요토미 히데요시(豊臣 秀吉, 1536년~1598년)

이순신(李舜臣, 1545년~1598년)

『인간, 국가 그리고 전쟁』이란 책을 쓴 미국의 저명한 국제정치학자 월츠는

월츠(Kenneth Waltz, 1924년~)

샌프란시스코 지진 : 1906년 발생한 지진으로 40만 명의 주민 중 3천여 명이 희생되고 22만 5천여 명의 이재민이 발생한 최악의 지진.

노자(老子)

춘추전국시대 : 주(周)왕조의 천도(기원전 770년) 후부터 진시황제 통일(기원전 221년)까지의 혼란기.

아소카 왕(기원전 265년~기원전 238년)

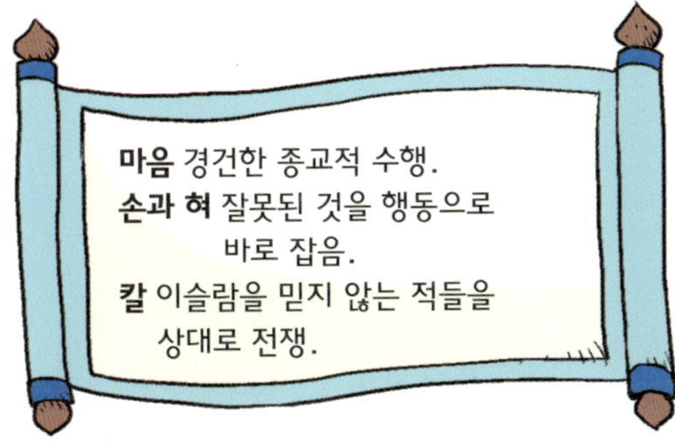

코란 : 이슬람교의 경전.

그러자 더 노골적인 전쟁이 시작되었어.

제한전(Limited War) : 국지전

클라우제비츠(Karl von Clausewitz, 1780년~1831년)

전면전(total war)

근대 전면전의 시작은 프랑스혁명이야.

혁명 초기 공화국을 선포한 뒤 급진파인 자코뱅 당이 권력을 잡았는데
자코뱅당

루이 16세까지 처형하자 다른 군주 국가들이 공격해 왔어.

이에 자코뱅 당은 1793년 총동원령을 내려 무려 1백여 만 명을 동원하여 맞섰고,
총동원령
전쟁이다~!!

이때부터 20년간 프랑스와 유럽 열강의 전쟁이 계속되었어.
프랑스 VS 유럽

프랑스 측 피해자만 민간인을 포함해 1백만 명이 넘었대.

1861년부터 4년간 계속된 미국의 남북전쟁도 전면전이었어.

전쟁에 참가한 군인의 수도 모두 3백만 명이 넘었지.

북군 : 21O만 명
남군 : 16O만 4천 명

20세기에 일어난 두 번의 세계대전도 상상 불허의 전면전이었지.

제1차 세계대전 중 많은 지도자나 시민단체들은 평화를 갈망했는데
이대로는 안 돼. 평화를 정착시켜야 해.
각국 지도자

독일 철학자 칸트가 『영구평화론』이란 책에서 국제공동체를 수립해 평화를 지키자고 주장했지.
영구 평화론

이에 가장 관심을 보인 사람이 미국의 월슨 대통령이었고
괜찮은데?

그의 주도로 1919년 국제연맹 (League of Nations)이 출범했지만
국제연맹
음... 훌륭하군.

정작 미국에서 상원이 인준을 거부해 버렸어.
국제연맹은 출발부터 비극이었네!

미국은 전통적으로 고립주의 정책을 추진해 왔기 때문에
남 일에 끼어들지 말자고.
내가 제안했는데 내 꼴이 뭐가 되냐?!

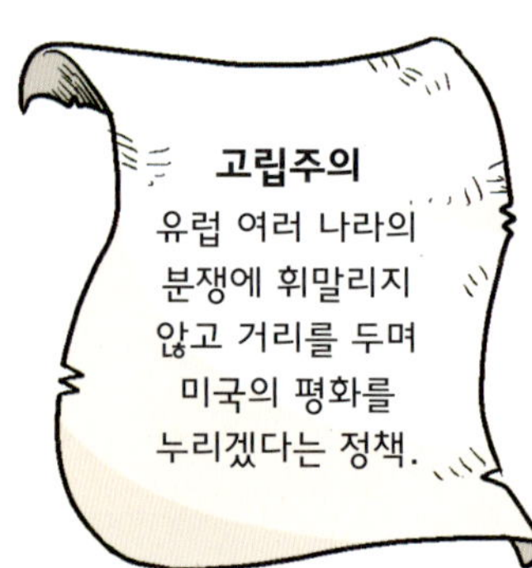

고립주의
유럽 여러 나라의
분쟁에 휘말리지
않고 거리를 두며
미국의 평화를
누리겠다는 정책.

국제연맹에 가입하는 것은
이 고립주의를 해친다고 본 거야.
화를 자초할 필요는 없지.
상원

그러니 국제연맹은 출발부터
종이호랑이 신세였지.
국제연맹

그런데 독일과 이탈리아, 일본 등이
다 쏴어버려!!

제2차 세계대전을 일으키고 말았어.
쾅
쾅
쾅
쾅
제2차 세계대전

전쟁의 상처가 깊어질수록
평화에 대한 열망은 커졌지.
그만 싸울래~

1941년 8월 미국 대통령 루스벨트와
영국 총리 처칠이 대서양 해상의 영국 군함
프린스 오브 웨일스 호에서 만나

전쟁 이후 평화를 정착시키기 위한 회의를 했어.
오랜만입니다~
지속 가능한
안전보장을 하기로
합의했고
이 구상이 나중
유엔 설립으로
발전하게
되었지.

마침내 1945년 10월 24일 전쟁 방지와 평화유지를
위한 국제 기구인
유엔이
공식 출범했어.

유엔은 국제연맹의 실패에서 교훈을 얻어
어떤 걸
보완하지?

유엔 안전보장이사회 상임이사국을 정해 강대국의 국제 영향력을 그대로 인정하여

세계대전이 끝나고 유엔이 출범했지만 여전히 전쟁은 계속되었어.

이데올로기에 따라 세상이 다시 반쪽으로 나뉘었거든.

양대 세력의 대결이 지구촌 곳곳에서 벌어졌지.

1950년 6월 25일 한반도에서는 한국전쟁이 벌어졌고 베트남이나 아프리카에서도 마찬가지였어.

헌팅턴(Samuel Huntington, 1927년~2008년)

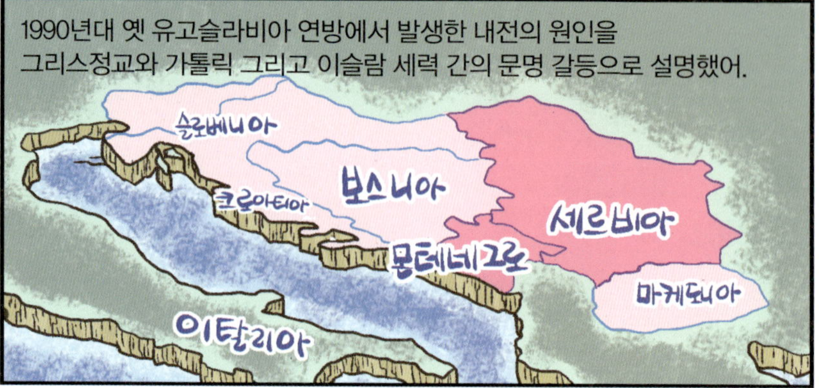

그는 문명권을 9개로 나눈 뒤 이들 간의 갈등과 전쟁을 예고했지만

밀로셰비치(Slobodan Milošević, 1941년~2006년)

벤자민 프랭클린(Benjamin Franklin, 1706년~1790년)

병사들이
스스로 멈춘 전쟁

　정치는 평화를 위한 도구여야 하는데 종종 전쟁을 수단으로 쓰는 일이 발생하곤 해요. 여러분은 "전쟁은 정치의 연장."이라는 말에 동의할 수 있나요? 전쟁 중에도 사람들이 얼마나 평화를 원하는지 알려 주는 일화가 있답니다.

　제1차 세계대전이 발발한 지 다섯 달이 지난 1914년 12월 24일, 참혹한 전투가 계속되던 프랑스 북부 지역에 크리스마스가 다가오고 있었어요. 그곳에는 독일군이 프랑스군, 스코틀랜드군과 소리를 지르면 들릴 정도의 짧은 거리에 참호를 파놓고 대치하던 상태였어요. 크리스마스이브에 잠시 총격이 멈춘 틈을 타고 영국 진영에서 백파이프 소리가 울려 퍼지자 이에 질세라 독일군이 노래로 화답했어요. 침묵에 빠져 있던 프랑스군도 독일군의 노래가 끝나자 성가를 불렀죠. 모두의 가슴이 먹먹해졌어요.

　과연 누구를 위한 전쟁인 걸까요? 그들은 모두 평화를 원했고, 누군가가 먼저 참호를 빠져나왔어요. 조금 전만 해도 총에 맞았을 게 뻔했지만 자연스레 크리스마스 휴전이 성립된 거예요. 적군도 아군도 없이 한 인간으로 만난 그들은 죽은 동료들의 시신을 수습해 장례식을 치르고 또 함께 모여 크리스마스 미사를 드리기도 했어요.

제1차 세계대전 당시 휴식을 취하고 있는 군인들의 모습.

　이곳뿐만이 아니라 서부 전선의 많은 지역에서 이런 일들이 일어나자 각국의 지휘부는 격노하며 이를 금지하고 휴전을 했던 부대의 장교와 군인들을 명령 불복종 죄로 기소했죠. 아예 더 치열한 전투장으로 좌천되거나 군사법정에 회부되어 처벌을 받았어요.

영화 〈메리 크리스마스〉의 포스터, ⓒ Sony Pictures Classics.

　이 사건은 2005년 프랑스의 크리스티앙 카리옹 감독에 의해 〈메리 크리스마스〉라는 감동적인 영화로 거듭나 세계인들의 심금을 울리고, 100년 전이나 지금이나 여전히 어딘가에서 계속되고 있는 전쟁이 얼마나 비인간적인지 알려 주었죠.

　전쟁터에서 군인들 스스로 전쟁을 멈췄던 이 사건은 인간이 얼마나 평화를 원하는지 보여 주었어요. 그러나 인간은 이보다 더 거대한 제2차 세계대전을 일으켰고 21세기를 사는 지금까지도 전쟁은 여전히 계속되고 있어요.

　전쟁의 목적은 그저 이기는 것이고 그것을 위해 서로를 죽이고 죽을 뿐, 정작 전쟁에 참여하는 사람들은 전쟁의 의미조차 알지 못할지도 몰라요. 그래서 이 영화는 전쟁으로 고통을 겪고 있는 사람들과 평화를 바라는 모든 사람들에게 바치는 평화의 염원이기도 하죠.

　당시 이 사건을 경험했던 주인공 스코틀랜드 중위 에드워드 헐스는 자신의 일기장에 이렇게 기록했어요.

　"우리는 크리스마스를 축하하는 독일군과 대화를 나누었다. 그리고 독일 정찰대와 만나 위스키와 담배를 교환하였다. 어떤 적대적인 행위도 벌어지지 않았다."

7장 세계화 시대, 정부의 역할 변화

세계 여러 나라 이름 중에 '-스탄'으로 끝나는 나라가 꽤 많지!

대부분 중앙아시아쪽에 주로 분포되어 있어.

아프가니스탄, 파키스탄,
콕

그리고 중앙아시아 5개국으로 분류되는
카자흐스탄, 키르기스스탄, 우즈베키스탄, 타지키스탄,
투르크메니스탄이 있지.
이 다섯 나라는 옛 소련(소비에트 연방)이 무너지면서 독립한 나라들이야.
카자흐스탄
키르기스스탄
우즈베키스탄
투르크메니스탄
타지키스탄

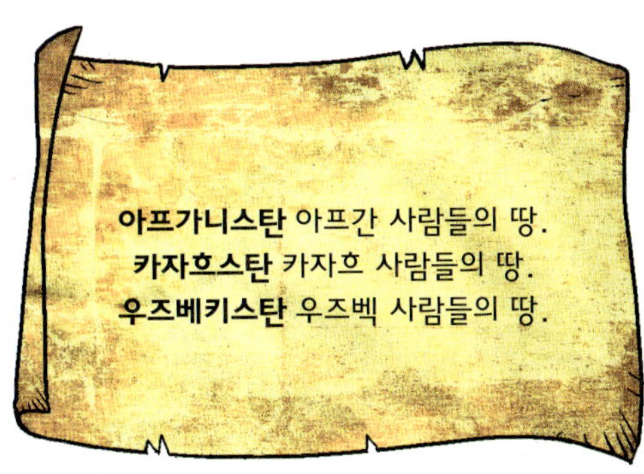

알렉산드로스 대왕(Alexandros the Great, 기원전 356년~기원전 323년)

셀레우코스(Seleukos, 기원전 358년경~기원전 280년)

박트리아(Bactria)

간다라미술 : 헬레니즘 문명과 오리엔트(동방) 문명의 결합으로 탄생한 그리스풍의 불교 미술.

서역 : 지금의 중동지역으로 유럽과 오리엔트 문명 교류의 중심지이다.

정수일(1934년~)

실크로드 : 고대 중국의 비단 무역길.
차마고도 : 실크로드보다 더 오래된 중국의 차(茶) 무역로.

토스카넬리(Paolo dal Pozzo Toscanelli, 1397년~1482년)

콜럼버스(Christopher Columbus, 1451년~1506년)

국가의 사활을 건 경쟁이 바다에서 벌어졌지.
내 땅이야!
흥! 내가 먼저 봤거든~

영국은 전 세계에 식민지를 두어 스스로 대영제국이라고 과시하기도 했지.
대영제국은 해가 지지 않는 나라!

전 세계는 지배자와 지배받는 자로 나뉘었어.
지배자
피지배자

강대국은 식민지 수탈을 통해 부자가 되었지만
떼부자
강탈

아시아, 아프리카, 남미의 사람들은 모든 것을 다 빼앗겼지.
쭉쭉

우리나라도 유럽의 흉내를 낸 일본의 희생물이 되었지.
캬악

두 번의 세계대전을 겪고 나서야 제국주의는 몰락했어.
진 다 빠졌다~
제국 주의

제2차 세계대전 이후 전 세계 식민지들이 독립했거든.
독립 만세~!!

이후 각 대륙의 기본 단위가 '국가' 형태로 갖춰지게 되었어.
국민
주권
영토
국민
주권
영토
국가
국가의 3요소
국민, 주권, 영토
스스로 의사결정을 할 수 있는 사람들이 고유의 땅에 살아 가는 곳이 바로 국가야.

그런데 그 당시 국가 간에는 높은 장벽이 있었어.
뭐가 이렇게 높아?!

우리나라는 혼자 살아도 되니 네 나라와 거래 안 해!
간섭이나 하지 마!

사람이나 물건이 국경을 넘어 오고가기도 힘들었지.

우리나라 역시 해외여행을 꿈도 못 꾼 시대가 있었지.
건자 말하지...
해외에는 정부의 허가가 없으면 못 나가!

1988년에 이르러서야 해외여행을 자유롭게 할 수 있었어.

그런데 서방 국가들부터 국가 간의 장벽이 낮아지기 시작했어.
Welcome to America

국가 간의 무역이 부를 축적하는 수단이 되었거든.
무역흑자
$ $ $

그렇게 하려면 원칙이 있어야겠지? 세금도 매겨야 하고.
$
과 세

GATT(General Agreement on Tariffs and Trade)

이로써 경제적으로 전 세계가 하나의 시장으로 통합되어,
개인과 기업의 경제활동 영역이 국경을 넘어 전 세계로 확대되었어.

경제적으로만 보면 국경의 의미가 없어져 버린 거야.
개인과 기업이 하나의 시장을 놓고 무한 경쟁을 벌이게 되었거든.

이것을 세계화라고 해.

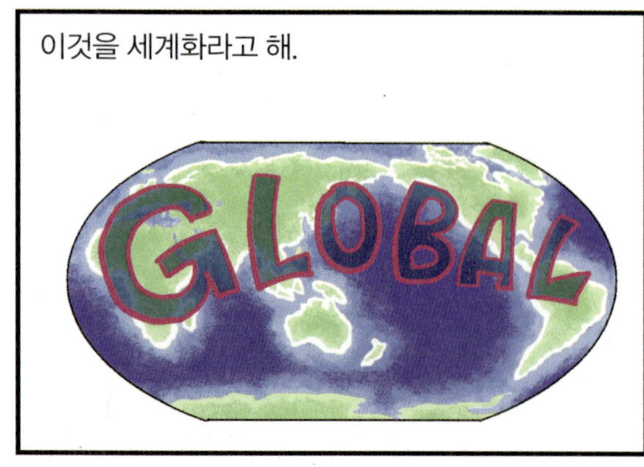

휴대전화 제조사끼리의 경쟁 같은 것이 세계화의 사례지.

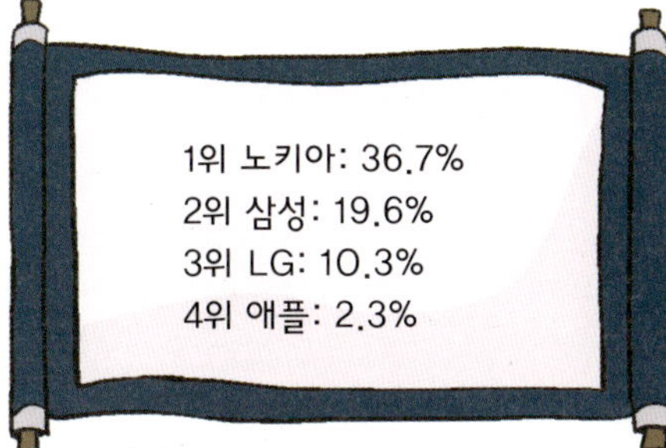

2010년 세계 휴대전화 시장 점유율을 보면 이렇게 나타나.
1위 노키아: 36.7%
2위 삼성: 19.6%
3위 LG: 10.3%
4위 애플: 2.3%

삼성이나 LG는 한국 회사지만 세계시장을 상대로 경제활동을 하고 있지.
삼성
LG

개인과 기업이 전 세계를 놓고 무한 경쟁으로 격돌하다 보니
떨어지면 안돼~
무한 경쟁

글로벌 스탠더드, 즉 세계 표준이 필요해졌어.
글로벌 기준 ~~~!!

기업의 구조나 제품의 생산과 유통방식까지 국제적으로 통용될 수 있도록 맞추는 거야.
국가지수
덜덜

게다가 개인은 세계화 시대에 필요한 언어능력도 키워야 하지.
이거 배워야지..
우유 우쮜끼

세계 무역을 관장하는 표준을 정하는 곳이 국제무역기구(WTO)인데,
WTO
World
Trade
Organization

1995년 가트(GATT)를 계승해 설립된 WTO는
WTO본부

시장에서 발생하는 국가 간 갈등을 조정하거나 심판하는 기능을 하지.
빼~
국제심판

무역 장벽을 낮추고 자유 무역을 지원하는 세계적 기구야.
자유무역

그런데 WTO 회의가 열리는 곳에서는 반대시위가 열리기도 해.
World
Terrorist
Organization

때로는 폭력사태가 벌어지기도 하는데 왜 그럴까?
노!
노!

이런 세계화의 흐름을 사상적으로
'신자유주의'라고 하는데
Neoliberalism

자유 무역과 시장의 기능 그리고
무한 경쟁을 강력하게 지지하지.
무한 시장
경쟁

이 경우 국가나 정부의 역할은
최소한의 안전망을
확보하는 데 그치고,
퉁

국가나 정부의 시장개입을
최대한 줄이는 거지.

한국에서 신자유주의 정책은
노동시장에서 먼저 나타났는데
노동시장

기업이 경쟁력을 갖도록 근로자의 해고와
감원을 자유롭게 한 거야.
하루아침에
내쫓기다니
….

그래서 근로자들이 신자유주의
정책이나 WTO에 반대하는 거지.
WTO
결사반대

퍽
무한경쟁
시장경제
교육도 예외가 아니어서 학교에도
시장경제가 도입되는데
학교 역시 무한 경쟁을 벌여야
교육의 질이 높아진다는 주장이지.

경쟁에 진 학교는 기업이 파산하듯
교육현장에서 퇴출되고,

선생님의 실력도 숫자로 점수를 내고 기준에 미달일 경우엔
물러나야 하지.

그래서 신자유주의는 찬성하는 쪽과 반대하는 쪽이
팽팽히 대립하고 있어.

공기업도 신자유주의 정책에서 벗어날 수 없지.

공기업 : 국가나 지방공공단체의 자본으로 운영되는 기업.

공기업에서 하는 일은 국가에 꼭 필요한
산업이라서 손해가 생기더라도
국가에서 대신 보상을 해 주지.

여기에 신자유주의 정책을 적용하면 이들은 다 민간 기업으로
바뀌어야 하는데, 이를 민영화라고 해.

이렇게 되면 이익을 내지 못하는
기업은 문을 닫을 수밖에 없어.

경영을 제대로 하지 못하면 경영자나
근로자들이 해고될 수 있고

적자를 채우기 위해 지하철이나
철도요금이 터무니없이 오를 수도
있지.

다자주의(Multilateralism)

두 번째 자유무역의 흐름은 지역주의로 인접하거나 이해관계가 많은 국가끼리 특정 혜택을 주는 관계를 만드는 거지.

FTA(Free Trade Agreement)

우리나라는 2004년 칠레와 FTA를 체결한 이래 FTA 체결국을 계속 확대하고 있어.
한국
칠레

그중에서 가장 논란이 되는 건 바로 미국과의 FTA이지.

찬성 쪽은 우리 산업의 구조적 문제를 예로 드는데
한국은 국민총생산의 70%가량을 수출입에 의존합니다.
찬성

국민총생산(GDP)

관세가 낮아지면 한국 상품을 미국에 더 낮은 가격으로 수출할 수 있고 그만큼 더 많이 팔린다는 거야.
FTA → 미국

그러나 단점도 장점 못지않게 많아.
단점
장점

예를 들어 미국의 저가 농산물이 수입되면 한국 농업은 살아나기 힘들다고 하지.
살려줘~

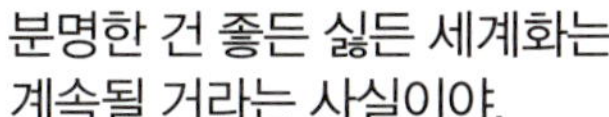

분명한 건 좋든 싫든 세계화는 계속될 거라는 사실이야.
지구촌 한마을

세계화 현상이 심화되면서 매우 복잡한 현상이 벌어지고 있어. 국제 문제가 개인이나 집단의 생존에 직접 영향을 미치고 있거든.
이 나라는 늘 왜 이래?

과거
미국과 안보협정이 체결되었나?
그게 무슨 상관이야? 내가 알 필요가 있어?

현재
미국과 FTA를 체결했대!
아니, 우리 농민들은 어떻게 살라고! 가서 시위를 해야겠어!

로버트 퍼트넘(Robert Putnam, 1941년~)

이렇게 세계화 시대엔
국제 문제와 국내 문제의
경계까지 없어지게 되지.

USA라고 표기하는 미국은 50개 주가
모여 이뤄진 연합이란 뜻인데

유럽연합은 EU라고 해.

유럽연합은 지역 경제를 활성화하기
위해 여섯 나라가 모인 게 시작이야.

2011년 현재 모두 27개 국가가
유럽연합이라는
이름 아래 뭉쳐 있고

상당수 국가들이 유럽연합의
단일 통화인 유로(Euro)를 사용해.

유럽연합은 그동안 유럽 헌법
초안도 마련했지.

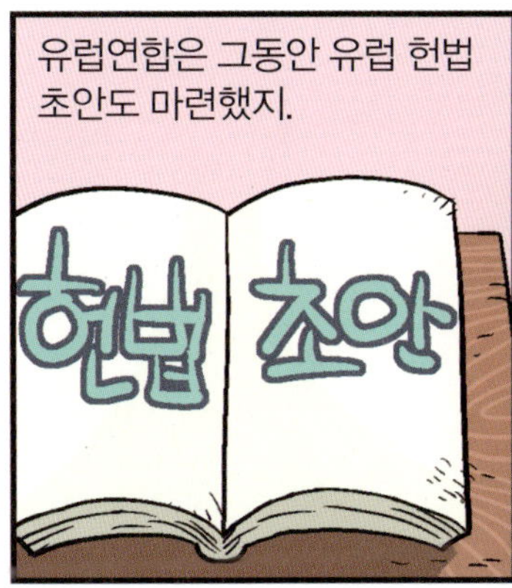

하나의 나라로 가기 위해 가장
중요한 순간이었어.

근데 2005년 프랑스와 네덜란드가
이 헌법안을 국민투표로 거부해 버렸어.

리스본 조약 : 유럽연합 개정조약.

그러나 경제 통합이 심화되면 정치 통합도 가능하다는 걸 유럽 연합이 보여 주었지.

기능주의모델
(Functionalism)
경제 등 비정치적 교류 활성화가 정치 통합을 가져온다는 가설.

모든 세계인들이 동등한 조건에서 개인 간에 무한 경쟁하는 시대이기 때문에 민족도, 국가도 정치도 개인의 방패가 되지 못하며

남이 대신할 수 없는 자신만의 실력을 가지고 있어야 한다고 충고했어.
자신 만의
후우
내공

20세기 후반엔 국가가 세계의 기본단위였는데
이탈리아
프랑스
네덜란드
영국
한국
인도
일본
미국
중국

세계화 시대인 21세기엔 개인이 이 세상의 기본단위가 되어 가고 있어.

20세기엔 국가나 정부의 역할이 절대적이었지만
정부

세계화 시대엔 국가와 정부의 역할도 급속히 줄어들고 있지.
정부
푸슈슈

국가가 개인과 기업이 잘 될 수 있도록 지원하는 서비스 기관으로 변신하고 있는 거야.
개인과 기업의 역할이 더욱 강조되지.
음메~
기업
국내 시장
국가 지원
세계 시장

따라서 이 평평한 세상이 우리의 안방이 될 수 있도록 우리 모두 열심히 노력을 해야 해.

온 세상이 함께 잘 사는 공정 무역

'세계는 하나', '지금은 글로벌 시대'라는 말을 들어본 적이 있을 거예요. 하지만 세계가 가까워지는 처음 과정은 매우 일방적이어서 한쪽이 정복자의 입장으로 다른 한쪽을 정복해 가는 과정이었죠. 한쪽은 주인, 다른 한쪽은 노예가 되어 강한 나라가 가난한 나라의 것을 일방적으로 수탈해 갔어요.

제2차 세계대전 이후 많은 나라들이 정치적으로 독립을 했지만 경제 사정은 크게 달라지지 않았죠. 가난한 개발도상국에서 생산한 상품을 서방국가들이 정당한 가격을 주지 않고 수입해서 가난한 나라 생산자들의 살림살이가 별로 나아지지 않았기 때문이에요.

선진국의 기업들은 생산 비용을 절감하기 위해 개발도상국의 값싼 노동력으로 기본원료를 생산하거나 상품을 제작하는 방식으로 이익을 극대화했어요. 예를 들어 커피를 생산하기까지 5년이라는 세월동안 땀 흘린 농부에게는 커피 한 봉지 가격 중 고작 2%에 해당하는 금액만 지급하고, 하루 12시간 이상씩 고된 노동을 한 노동자에게 기본 생활비에도 미치지 못하는 저임금을 지불하거나, 어른보다 낮은 임금으로 고용할 수 있는 어린이에게 불법적으로 일을 시키기도 해요. 이렇게 만들어진 값싼 상품은 가격 경쟁력을 높여 기업에 이윤을 가져다주지만 빈부 격차뿐만 아니라 아동 노동, 인신매매나 환경파괴 등의 수많은 문제를 확산시켜 왔어요.

이 불공정 무역을 개선하자는 게 바로 페어 트레이드(Fair Trade), 즉 공정 무역 운동이에요. 개발도상국 생산자들의 제품을 적정 가격에 구입함으로써 그들의 경제적 자립을 도울 수 있을 뿐만 아니라 열악한 근로 조건을 개선할 수 있게 만들어 주자는 것이죠.

이 운동을 처음 시작한 네덜란드의 프란스 판 데어 호프 신부

국제 공정 무역 인증 마크.

님은 멕시코의 오악사카 커피재배 농가에 보다 많은 이익을 돌려주기 위해 새로운 커피 브랜드 '막스 하벌라르'를 만들었어요. 이것은 네덜란드 국민의 이목을 단숨에 사로잡았고 이후 유럽으로, 그리고 전 세계로 확산되었어요.

프란스 판 데어 호프 신부.

　현재 세계 곳곳에서 공정 무역이 성장하고 있어요. 세계에서 가장 손꼽히는 공정 무역회사는 프랑스의 비영리단체 〈아르티장 뒤 몽드〉인데 아프리카 및 아시아, 중남미 등지의 120여 개 생산자 협회와 직거래를 하고 있어요. 이 단체는 거래가 성사되면 전체 가격의 50%를 미리 지불하고 물건을 받을 때 나머지 금액을 주는 방식으로 거래를 해요. 그래서 생산자들은 나중에 제품 가격이 오르든, 내리든 꾸준하게 물건을 생산할 수 있고 무엇보다 중요한 건 어떤 경우에도 최저 가격을 보장받는다는 사실이죠.

　소비자들의 인식도 변하고 있어요. 공정 무역을 통해 수입된 제품은 일반 제품과 구별되도록 공정 무역 상표(fair trade label)가 부착되어 있는데 이 물건의 값이 다른 제품에 비해 약간 비싸더라도 공정 무역 제품을 선택하는 소비자가 늘고 있거든요. 빈부 격차 문제나 개발도상국의 구조적 문제까지 작은 돈으로 해결해 나갈 수 있다는 성취감을 주기 때문이에요.

　공정 무역은 의식적으로 경제적 행위를 변화시켜 나가자는 정치적 운동이기도 해요. 그래서 성별이나 인종 차별, 환경 보존과 같은 정치적인 문제들에 있어서 바람직한 방향으로 생산과 소비를 변화시켜 나가는 것도 포함하고 있죠. 여러분도 관심을 가져 보세요.

8장 남북분단의 현실과 통일을 위한 정치

1947년 초, 작곡가 안병원은 방송국으로부터

3.1절에 방송될 어린이용 라디오 특집극을 만들어 달라는 요청을 받고

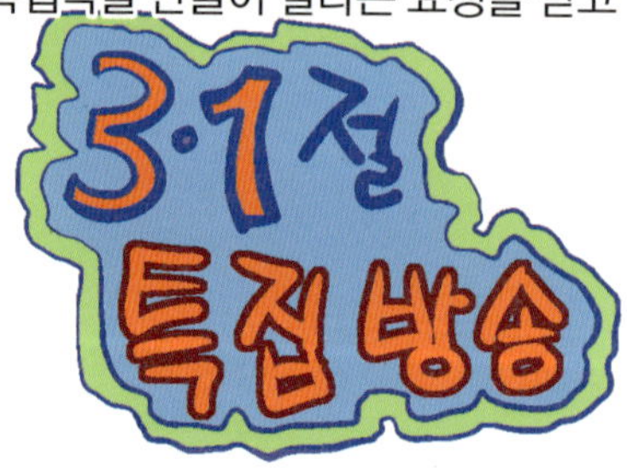

3·1절 특집방송

노래극을 만들기로 했어.

누구에게 작사를 맡길지 고민하다가
꼬옹~

미술, 음악, 문학 등 다방면에 능통한 예술인이었던
엔터테이너여쥬~

그의 아버지(안석주)에게 가사를 부탁했지.
아부지~!!

그렇게 완성된 노래극의 제목은 〈우리의 소원은 독립〉이었고,
아버지가 각본을 쓰고 아들이 작곡했어요.

주제가엔 〈우리의 소원〉이란 제목이 붙었지.

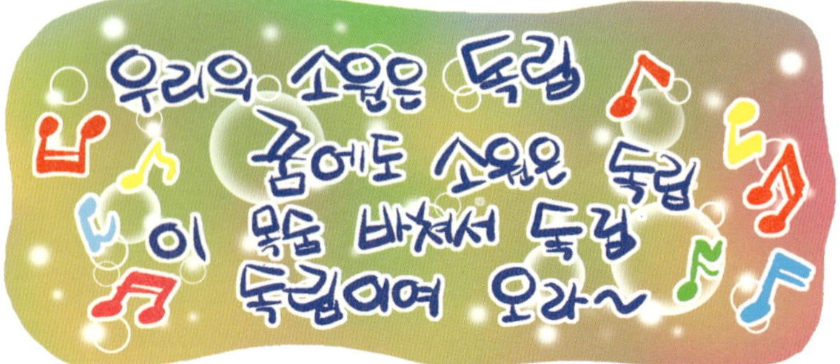

우리의 소원은 독립
꿈에도 소원은 독립
이 목숨 바쳐서 독립
독립이여 오라~

1948년 8월 15일에 남한이 단독정부를 수립하며 꿈에 그리던 독립을 했고

9월 9일엔 북한이 조선민주주의인민공화국을 수립했지.

이때부터 우리나라는 남한과 북한으로 갈라지게 된 거야.

그리고 우리의 소원은 '독립'이 아니라 '통일'로 자연스레 바뀌었지.

그로부터 50년도 더 흘렀는데 우리는 여전히 이 노래를 간절히 부르고 있어.
우리의 소원은 통일~
꿈에도 소원은 통일
이 정성 다해서 통일~
통일을 이루자

왜 우리는 남한과 북한으로 갈라졌을까?

역사를 살펴보자. 1900년대 초, 제국주의의 야욕에 눈이 먼 일본이 조선을 침략해 나라를 빼앗았어.
당장 내놔!
퍽

안중근(安重根, 1879년~1910년)

이토 히로부미(伊藤博文, 1841년~1909년)

결과적으로 다른 나라의 도움을 받게 되었지.

당시 중일전쟁 중이던 일본에게 미국이 압박을 가하자
일본이 이번엔 미국을 공격했는데

이 사건으로 미국은 일본과의
전쟁을 선포했어.

중국
대한민국
일본
땅
필리핀
태평양 섬 지역에서도
매우 치열한 전투가 벌어졌고
전세가 밀리자
일본은 가미카제 특공대까지
투입했는데

가미카제(神風)

비행기에 폭탄을 싣고 미군 함정에 충돌하는
자살 특공대였어.

가미카제는
'신의 바람'이란
뜻인데

13세기 원나라(몽골)가 일본 정벌에
나섰을 때
와아아

갑자기 태풍이 불어 와 원나라의 정벌을 막아 주었대!
신의 바람이 침략군을 막았다!

가미카제는 여기에서 유래된 거야.

일본은 미국에 끝까지 저항했고
쾅 쾅 쾅 쾅

미국은 일본 본토 점령 작전을 짰는데,

일본의 저항이 본토에서도 지속될 경우 미군의 피해가 크고 전쟁도 오래 계속될 것이란 예측이 나왔어.

미국은 고민에 빠졌지.
미군의 희생을 줄이고 전쟁을 빨리 끝내는 묘안이 없을까?

그때 1942년부터 진행돼 온 '맨해튼 프로젝트'를 떠올렸어.
아하!
원자폭탄 개발계획
The Manhattan Project

맨해튼 프로젝트는 원자폭탄 개발 계획인데 1945년 7월 16일 뉴멕시코 주에서 최초의 원자폭탄 폭발실험이 성공한 상태였거든.
쿠쿠쿵
텍사스
뉴멕시코주
멕시코

미국은 일본에 원자폭탄으로 치명적인 타격을 가해 전쟁을 끝내기로 했지.
찬성
찬성

드디어 1945년 8월 6일 히로시마에 첫 번째 원자폭탄 '리틀 보이'가 투하됐고

또한 8월 9일 나가사키에 두 번째 원자폭탄이 투하되었지.
히로시마
교토
나가사키

또한 8월 8일 소련도 일본에 선전포고를 한 상태였어.
탁
빨리 항복해라!
소련

결국 일본은 항복했고 그 결과 8월 15일 우리나라도 독립하게 되었어.
너들이 이겼다!
연합군

그런데 전쟁에 승리한 미국은
안 돼~

소련군이 한반도를 공산화할까 봐 걱정했어.
나진
청진
함경북도

소련군은 한반도에 이미 들어온 상태였지만 미군이 들어오려면 최소 2주가 걸렸지.
한반도
이러다가 한반도를 소련군이 모두 점령하게 생겼어! 대책을 마련해!

미 군부는 어떻게든 소련의 한반도 전체 점령은 막아야 했어.
국방부 연결해!

러스크(Dean Rusk, 1909년~1994년)

구술 : 말로 설명함.

이렇게 분단의 상징인
38도 선이 생겨난 거야.

38도 선 남쪽에는 미군, 북쪽에는 소련이
각각 일본에게 항복을 받고 점령키로 했어.
남쪽에는 미 군정청이,
북쪽에는 소련 제25군 사령부가
설치되었지.

소군사령부
워컴 투 코리아!
이게 뭔 꼴이여??
이젠 '코리아'답네..
우리 때가 더 났다니까
일본에게 해방되었지만 소련과 미국의 지배를 나눠 받게 된 거야.

미국과 소련은 제2차 세계대전 중 연합국의
일원이었지만

이미 이념이 다른 두 국가 간의 강력한 경쟁이 시작되고 있었어.
자유
민주
주의
공산
주의

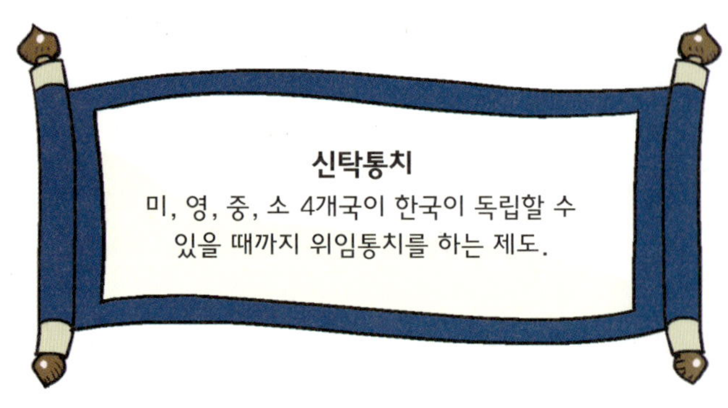

이승만(李承晩, 1875년~1965년)

김일성(金日成, 1912년~1994년)

그리고 1950년 한국전쟁의 발발로 한민족끼리 총부리를 겨누게 되는 비극적인 상황을 겪었지.

북한은 공산화된 중국이 지원군을 파견했고,
아가가~
UN
남한에서는 미국을 비롯한 16개국이 유엔의 일원으로 싸웠어.

남북한의 내부적 대립과 자유민주주의와 공산주의의 외부적 대립구조는
자유 민주주의
공산 주의
남한
북한

한국전쟁 자체가 국제전쟁으로 번질 수밖에 없게 만들었어.
자유 민주주의
공산 주의

한국전쟁 중 남북한군, 유엔군, 중국군, 경찰 등 전투 병력만 3백만 명 가까이 죽거나 행방불명됐고,

민간인 피해는 상상을 불허할 정도였어.
통계불능
삐~

내부와 외부의 이중적 대립 구조가 한반도에서 굳어진 거야.
STOP!
헥헥

지금까지 전쟁이 완전히 끝난 게 아니라 잠시 중단된 상태지.
땡

그래서 남북을 가로지르는 38도 선도 휴전선으로 불려.
언제 다시 시작될지 몰라.

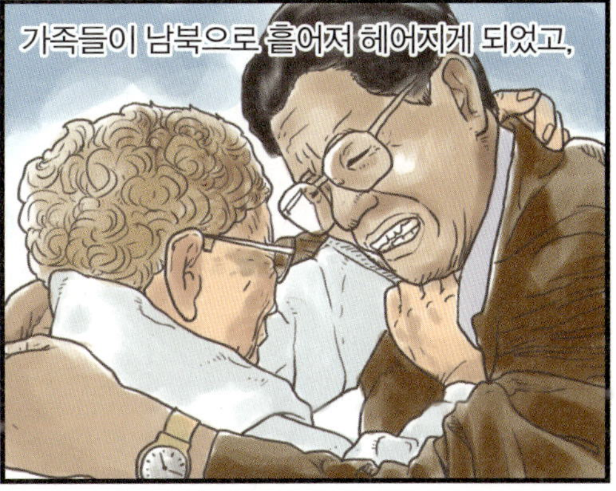

가족들이 남북으로 흩어져 헤어지게 되었고,

특히 경제적으로 군사비 지출은 큰 부담이지.

기회비용 : 한 품목을 선택했을 때 그 때문에 포기한 다른 품목의 가치.

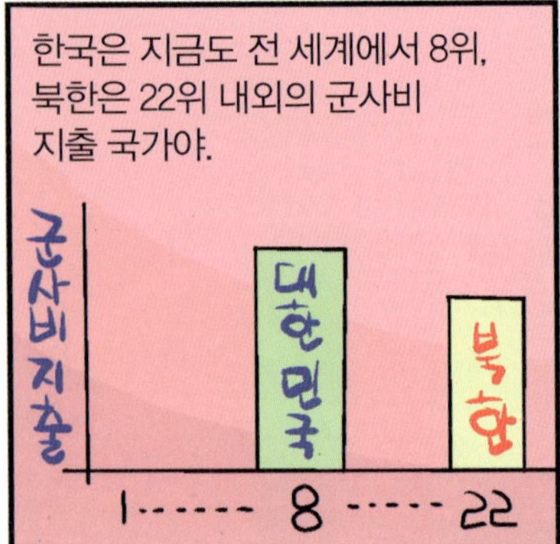

김일성 생가인 평양 만경대는 성지가 되었고 누구나 평양에 가면 김일성 동상에 참배해야 해.

1994년 김일성이 사망 후 북한의 권력은 그의 아들 김정일이 물려받았고

다시 그의 아들 김정은에게 권력을 물려줄 준비를 하고 있지.
나 아직 안 죽었거든!!

북한 권력은 3대 세습의 형태로 유지되고 있어서
넌 할수 있어!

북한 왕조(dynasty)라고 표현하기도 해.
내 왕국은 영원한 것이다~

독립투사였던 초대 이승만 대통령도 독재로 치달아
다 나라를 위해서였어..

결국 4.19 혁명으로 대통령직에서 물러났지.
대통령

5.16 군사정변으로 집권한 박정희 대통령은
쿠데타
충성!!

경제발전에 탁월한 업적을 남겼으나
에헴..
경제대발전

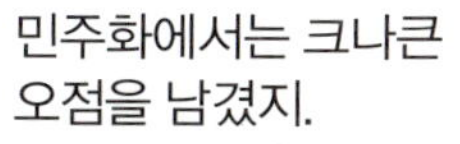

민주화에서는 크나큰 오점을 남겼지.
그 점은 할 말이 없네..

박정희와 김일성은 격렬하게 체제 경쟁을 했어.
민주주의
공산주의
남한 VS 북한

김정일(金正日, 1942년~)

그래서 김정일은 군에 모든 권한을 주는 선군(先軍) 정치를 시행하지.
모든 것은 군이 먼저, 군 중심으로!
쾅

김정일이 현장을 방문하는 걸 '현지지도'라고 하는데

현지지도의 대부분이 군대인 것도 바로 이 때문이야.

선군 정치는 결국 군사력 강화로 이어져 김정일은 핵폭탄, 미사일 개발에 모든 것을 쏟아부었지.
핵
핵

재래식 무기로는 한국이나 미국을 상대할 수 없지만
지금은 핵이 대세야.

핵폭탄이 있으면 미국도 북한을 함부로 할 수 없다고 생각했거든.
핵
오~노우!!

한편, 남한에서는 북한 정책을 놓고 의견 대립이 생겼는데
내 말 들어~!
진보 VS 보수

특히 1998년 김대중 정부가 대북 포용정책을 추진하면서 대립이 심화되었지.
우린 한민족이여~

햇볕정책 이라고도 하는데
이 말은 이솝우화에서 나온 말이야.

나그네의 옷을 벗긴 햇볕 이야기 알지?
으아! 더워~

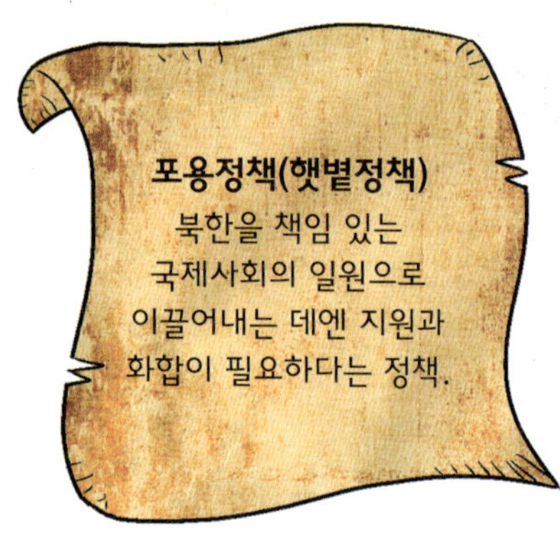

포용정책(햇볕정책)
북한을 책임 있는
국제사회의 일원으로
이끌어내는 데엔 지원과
화합이 필요하다는 정책.

클린턴 미국 행정부도
이에 동의했고,
Good!
USA

노무현 정부에도 계승이 되었어.

그러나 보수 진영에서는 햇볕정책을
비판했지.
남한 정부의
인도적
지원마저도
군사용으로
전환되었어!
남한 지원이
북한의
핵무장을
부추겼어!
정부

반면 진보 진영에서는 대북 포용정책이 한반도의 대결 상태를
한층 완화했다고 주장해.
햇볕정책이 없었으면
한반도는 전쟁 상태로
갔을 거야!

물론 보수든 진보든 인도적 차원의 대북지원은
계속되어야 한다는 점엔 동의하고 있어.
그럼
어떻게
하란
소리야!

하지만 보수 측에서는 북한이 조금이라도
변해야 지원할 수 있다고 생각하는 거지.
저러다
또
전쟁
일으키면
안 되잖아.

많은 사람들은 경제나 사람의 교류가 많이 진행되면 궁극적으로
남북통일(정치통합)을 이룰 수 있다고 생각했어.
개성공단
이산 가족 상봉단

남북한이 올림픽에도
함께 입장하고

금강산관광
개성공단, 금강산 관광 등의 교류로

남북 간의 관계가
개선되기도 했어.

또한 북한의 개성공단에 많은 남한 기업이
투자를 하는 등 경제 교류가 활성화되기도
했지만
개성공단

고비마다 남북관계가
위기에 처하거나
경제교류
남·북 관계

정치 때문에 민간 교류나
경제 교류가 중단되기도 하지.
그만!!

짧게 보면 경제 교류나 북한 지원이
소용없어 보일 때가 많지만
흥!
밑빠진 독에 물붓기 아냐?!

장기적으로는 결국 남북통일의
기초가 될 거라고 많은 사람들은
생각한단다.
남북통일
북한지원
경제교류

남북한 통일 문제는 이미 우리만의 문제가 아니라

국제 문제로 확대됐어.
당연하지!
한반도는
국제문제라능.

한반도 지도를 봐. 주변에는 중국과 러시아,
일본이 있고 미국은 3만 7천여 명의 미군을
한반도에 주둔시키고 있지.

한반도 주변 4개국 모두 한반도에
강력한 이해관계가 있어.

안창호(安昌浩, 1878년~1938년)

북한의 세습 정치

북한 최초의 권력자 김일성은 1950년 6월 25일 조선인민군 최고사령관으로 인민군을 지휘해 남침을 강행했던 인물이에요. 남한 땅에서 신음하는 노동자와 농민을 해방시키겠다는 깃발을 내걸었지만 결국 같은 민족끼리 총을 겨눠 엄청난 인명과 재산 피해가 나고 말았죠.

김일성(金日成, 1912년~1994년).

전쟁 이후 김일성은 남한 출신 공산당(남로당) 지도급 인사들과 자신의 의견에 동조하지 않는 러시아나 중국 출신의 인사들을 모두 제거한 뒤 최고 권력자가 되었어요. 이로써 북한에서 김일성은 절대 권력을 갖게 되었고 김일성을 신으로 숭배하는 김일성의 신격화 운동이 시작되었죠.

북한의 모든 역사는 김일성 가문의 혁명투쟁사로 바뀌고 북한의 모든 출판물의 시작은 반드시 "위대한 어버이 수령 김일성 장군님은 이렇게 말씀하시었다."는 말로 시작해야 했어요. 모든 가정엔 김일성의 사진을 걸어 놔야 했고 주민들은 김일성 동상에 참배하러 가야 했죠.

김일성은 북한 주민들에게 "조금만 노력하면 고깃국에 쌀밥을 먹을 수 있다."는 구호를 내세워 충성을 설득했는데 이 전략은 1960년대에는 어느 정도 먹혀들어 갔어요. 북한 주민들이 비록 고깃국에 쌀밥을 먹진 못했지만 남한보다는 훨씬 더 잘 살았거든요. 당시 남한의 1인당 국민소득은 80달러에 불과했지만 북한은 대략 180달러 정도로 남한 주민보다 대략 두 배나 소득이 많았으니까요. 그러나 북한의 정치권력은 일방적인 명령만 내릴 뿐 주민들과 소통하려는 의지는 없었어요. 남한이 비약적으로 발전해도 북한은 여전히 문을 걸어 닫고 신격화에만 몰두했죠.

더군다나 북한의 권력이 김정일에게 넘어온 뒤 김정일은 모든 힘을 군대가 가지는 '선군(先軍) 체제'를 도입했어요. 선군 체제는 군대가 모든 권한을 최우선적으로 행사하는 걸 말해요. 주민의 복지보다는 군대를 키우고 전투력을 높이는 데 모든

힘을 쏟는 거죠.

북한의 정치 권력자들이 주민의 복지는 나 몰라라 하는데다가 홍수 등 계속되는 자연재해로 경제 시스템이 아예 붕괴되어 많은 주민들이 굶어죽는 혼란 상태가 계속되고 있어요. 그러니 "죽어도 나가서 죽자"며 북한을 탈출하는 사람들이 급속히 늘고 있죠. 통일부에 따르면 2010년 11월 국내에 있는 탈북자는 2만 명이 넘는데 매달 200명꼴로 늘어나고 있고, 중국에는 훨씬 더 많은 탈북자들이 있다고 해요. 오죽하면 김정일이 세계 최악의 독재자 10인에 선정되기도 했겠어요. 그런데도 김정일은 이에 아랑곳하지 않고 자신의 아들인 김정은을 2010년에 다시 후계자로 지명했어요. 세계 역사상 유례없는 3대째 권력 세습이에요.

김정일의 후계자로 지목된 김정은은 프랑스와 스위스에서 유학한 경험이 있다는 것 외엔 많이 알려진 것이 없어요. 다만 북한 군부에서 연평도 포격을 처음부터 끝까지 김정은이 지휘했다고 선전하는 것으로 미뤄 보면 앞으로도 북한의 정책 변화를 기대하긴 힘들 것 같아요.

따라서 북한 주민의 생활은 앞으로도 계속 힘들고 절망적이겠죠. 북한을 몰래 떠나는 탈북자도 계속 늘어날 게 틀림없어요. 우리 정부뿐만 아니라 중국에서도 북한에서 비상사태가 발생할 경우 대비책을 마련한다는 보도가 나오는 걸 보면 북한 체제의 위기는 더욱 심화될 것으로 보여요.

김정일과 김정은.

클레오파트라 7세(Cleopatra Ⅶ,
기원전 69년~기원전 30년)

플루타르코스(Plutarchos, 46년경~120년경)

이집트 최고의 여신인
이시스(Isis)와 동일시되었어.

이시스는 이집트뿐만 아니라
그리스, 로마에서도 숭배를
받은 여신이었지.

정치 리더십은 크게 세 가지로 나눌 수 있어.
전체주의적
권위주의적
민주적

첫 번째 전체주의 리더십은
가장 바람직하지 않지만
그래도 이게 최고야

가장 오래 지속되어 온 리더십이기도 해.
왕들이 가장 적합하다고 느낀 거지.

정치 지도자가 무력을 동원해 국민들을
극도의 공포로 몰아넣는 방식으로
황제의 명령인데 그냥 따를래, 아니면 맞고 따를래?

처형이나 징벌을 통해 국민을 불안에
떨게 하는 거야.

이집트의 도시 기자에 가면 대 피라미드가 있어.
피라미드 중 가장 커서 대 피라미드야.
세계 7대 불가사의 중 유일하게 남아 있는 곳이지.

그리스의 역사가 헤로도토스가 기원전 450년 이곳을 방문해서
그곳에 있던 신관들을 만나 기록으로 남겼어.

이 위대한 피라미드는
20년 동안 10만 명이 일해서
만든 거야.

파라오 쿠푸(Khufu, 기원전 2589년~기원전 2566년 재위)

솔제니친(Solchenitsyn, 1918년~2008년)

굴라크(Gulag)

조지 오웰(George Orwell, 1903년~1950년)

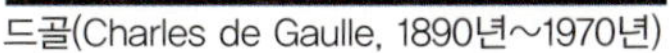
드골(Charles de Gaulle, 1890년~1970년)

1968년에 길거리에 붙은 저항 포스터.

혁명의 전통을 가진 자유 국가 프랑스였기 때문에 드골의 일방적인 명령과 권위주의는 반발을 일으켰지.
자유
평등
박애

결국 학생과 지식인, 노동자들이 1968년 봉기했고 드골 정권은 무너지고 말았지.

1968년에 일어났다고 해서 '68혁명'이라고 불러.

제2차 세계대전 이후 수많은 신생 독립국가들이 생겨났지만
신생
독립
만쉐이어!

그 리더십은 대부분 권위주의적이었어.
신생
비켜!
뻥

식민지 생활을 오래 하느라 민주정치 경험도 없었고
민주
정치

먹고사는 경제 문제가 더욱 시급했던 터라
땅
경제

정치 지도자는 독재로 일관했지.
끙끙

우리나라도 역대 대통령들의
리더십 형태를 구분하자면
어느 것을 고를까요?
전체주의
권위주의
민주주의

권위주의적 리더십에 속한다고
할 수 있어.
한국
권위주의

비록 민주적이진 않지만
권위주의 리더십으로 성공한
예외적인 나라도 있는데,
성공사례

바로 싱가포르야.
오랫동안 영국의 식민지였던 싱가포르는
제2차 세계대전 이후 말레이시아 연방의
일원으로 독립했어.
말레이시아
싱가폴

싱가포르 주정부는 말레이시아 연방정부와
사사건건 싸우다
싱가폴 VS 말레이시아

1965년 말레이시아
연방으로부터 추방당하고 말았지.

인구도 적고 먹고살
만한 산업도 거의
없는 상태였어.

이때의 총리가 바로 리콴유로 1965년부터 1990년까지 오랫동안 집권했지.

리콴유(李光耀, 1923년~)

그는 국가 발전을 위해 청렴을 정부 운영의 가장 중요한 원칙으로 삼고 깨끗한 정부, 부정부패 없는 정부를 이끌어 가기 시작했어.

부패를 막기 위해 지나치다 싶을 정도로 엄격한 법과 제도로 싱가포르 국민들을 다스렸으며

국가의 청렴도가 환경으로 나타난다는 생각에 공공장소에서의 시민 예절 등 사소한 것까지 국가가 직접 간섭을 했어.

예를 들어 길거리에서 침을 뱉거나 휴지를 버려도 벌금을 물어야 하고

자기 자동차를 더럽게 하고 다녀도 벌금을 내야 했지.

이러한 리콴유의 리더십은 마치 엄한 아버지가 가정을 다스리는 방식이었고

국제투명성기구(TI) : 독일에 본부를 둔 비정부기구로 매년 각국의 부패지수를 발표한다.

이승만(1948년~1960년)

장면(1960년~1961년)

박정희(5~9대 대통령, 1961년~1979년)

전두환
(11~12대, 1980년~1987년)
저돌적 해결사형

노태우
(13대, 1988년~1993년)
소극적 상황적응형

김영삼
(14대, 1993년~1998년)
공격적 승부사형

김대중
(15대, 1998년~2003년)
계몽적 설교형

노무현
(16대, 2003년~2008년)
탈권위적 실험실습형

한국의 정치 리더십은 계속되고 있지만
정치리더십

여전히 '정치 리더십의 위기' 상태야.
바꿀 때마다 정책이 바뀌니..

정치 지도자의 특성과 자질이 국가정책 등 모든 것을 결정하는 형식이라는 거야.
왜 이렇게 해봤어?!
힘들다 힘들어..

법이 아니라 대통령의 스타일이 모든 것을 결정하거든.

그래서 한국 정치 리더십의 특징은 법치(法治)가 아닌 인치(人治)라고 해.
人治

리더십의 위기 때 가장 도움을 줄 수 있는 멘토는 미국의 16대 대통령 링컨이야.
링컨은 노예를 해방하고 분열된 나라를 통합한 리더십을 가졌어.
나라의 통합

그 위대한 리더십의 비결은 뭘까?
리더십

영국 옥스퍼드 대학의 리처드 카워딘 교수는 『링컨』이라는 책에서
링컨

링컨 리더십의 성공 비결은 민주주의 원칙을 잘 따랐기 때문이라고 했어.
민주주의

그는 민주주의의 원칙을 가장 중요시했으며
원칙

'국민의 통치'를 최우선의 원칙으로 삼았다는 거야.
국민의 국민에 의한 국민을 위한

그 누구도 넘볼 수 없는 천재적 리더십을 타고난 것보다
정치는 이렇게 하는거야!!
오! 강력한 카리스마!!

국민의 의사를 존중했던 게 탁월한 리더십의 비결이었다는 거지.
어쩌고 저쩌고…
…그랬다니까요.

개인의 능력만 놓고 본다면 가장 탁월한 자질을 가진 지도자는
독일의 히틀러라고 할 수 있어.

슈람(Percy Ernst Schramm, 1894년~1970년)

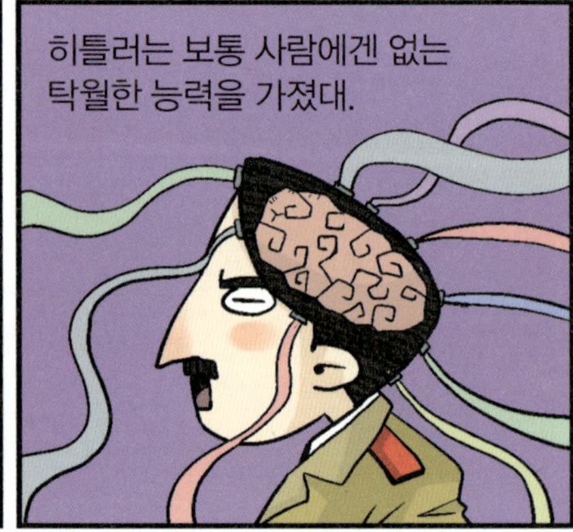

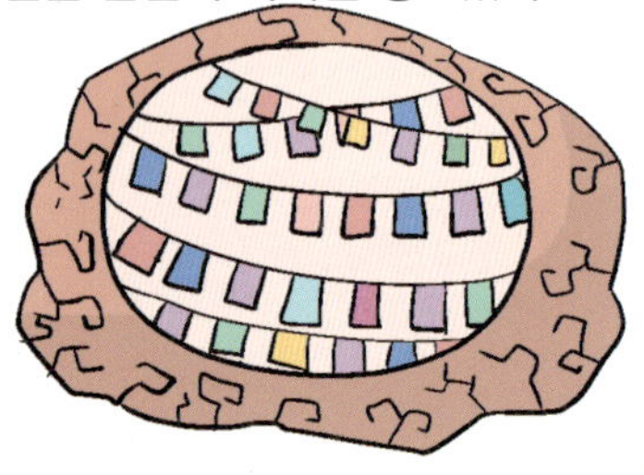

게다가 히틀러는 대중의 마음을 읽는 능력이 있었고,
독심술
대중

연설을 통해 짧은 시간 안에 그들을 자신 편으로 만드는 선동가 자질을 타고났지.
게르만민족은 최고의 민족!
옳소!
우린 최고야!

하지만 그 능력은 6백만 유태인 학살과 제2차 세계대전이라는 비극을 낳았지.

세상에는 정말 많은 정치 지도자들이 있지만 링컨을 멘토로 삼고 간디의 리더십을 본받으려 하고 넬슨 만델라의 리더십에서 교훈을 찾으려는 이유는

그들이 모두 '국민의, 국민에 의한, 국민을 위한' 민주주의 원칙에 충실했기 때문이야.
민주주의

정치 리더십의 본질은 권력을 자신의 것으로 만드는 권모술수가 아니라
정치의 본질

도덕에 바탕을 둔 민주주의 원칙임을 역사에서 배울 수 있어.
역사

한국의 미래도 얼마나 민주주의 원칙에 충실한 정치 지도자를 선출하느냐에 달려 있음을 꼭 명심해야 해.

가장 위대한 리더십의 소유자 링컨

미국인들이 가장 존경하는 인물인 링컨은 극도로 어려운 환경에서도 불굴의 의지로 모든 것을 극복한 인물이에요. 그는 여덟 살에 어머니를 잃고 소년가장으로 동생들을 보살피면서 학교라고는 모두 합쳐 1년 정도밖에 다니지 않았지만 혼자 공부해 변호사가 되었어요.

또한 그는 마지막 직업인 대통령에 이르기까지 모두 13개의 직업을 가졌다고 해요. 농사꾼, 점원, 뱃사공, 막노동꾼, 장사꾼, 군인이었으며, 편지를 배달하고, 서점을 운영한 경험도 있어요. 그 뒤에 변호사, 주의원, 상원의원을 거쳐 대통령이 된 것이지요.

링컨(Abraham Lincoln, 1809년~1865년).

게다가 거의 대부분 그 일에서 실패했지만 그는 좌절하지 않았어요. 사업을 했을 땐 파산했고 선거에 나가면 낙선했죠. 그래도 그는 포기하지 않았고 마침내 어느 누구도 그가 당선되리라고 생각하지 않았던 대통령에 당선되었어요. 당선된 이후에도 당시의 미국인들 그 누구도 그가 대통령으로 성공할 거라고 믿지 않았지만 결국 그는 미국 역사상 가장 위대한 정치가이자 정치 리더십의 소유자로 전 세계에서 존경받는 인물이 되었죠.

그가 위대한 업적을 남길 수 있었던 정치 리더십이란 어떤 것이었을까요? 1863년 1월 1일 링컨이 노예해방을 선언한 포고령을 발표할 때의 모습을 그린 그림을 보면 그 해답을 알 수 있어요.

노예해방 선언 포고령 때 링컨과 내각장관들.

이 그림에 나온 링컨의 내각 장관들과 측근들은 거의 대부분 링컨을 '시골뜨기'라며 무시하던 사람들, 아니면 링컨을 정적으로 여겨 쳐다보지도 않으려 했던 사람들이에요.

먼저 링컨 내각의 수장인 수어드 국무장관(William H. Seward, 1801년~1872년)은 원래 공화당의 가장 유력한 대통령 후보였어요. 그런데 수어드를 비롯한 쟁쟁한 후보들이 서로 경쟁하는 바람에 어부지리로 무명에 가까운 링컨이 공화당 후보가 된 것이죠. 수어드는 '시골뜨기'에게 패배한 분을 참지 못했고 링컨을 상대하지도 않았다고 해요. 공화당 후보가 되어 본격적인 대통령 선거에 나서면서 링컨은 수어드에게 선거 유세에 참여해 달라고 요청했는데, 수어드는 링컨이 대통령에 당선될 가능성이 거의 없다고 믿었고 마지못해 얼굴만 한 번 내밀었지요.

그런데 링컨은 대통령에 당선된 후 자신을 끝까지 무시하고 우롱했던 수어드에게 국무장관직을 제안했어요. 링컨은 개인 감정보다 수어드의 능력을 더욱 중요하게 여긴 거예요. 수어드는 이때에도 '실제로는 내가 워싱턴을 흔들며 대통령 노릇을 하게 될 거야.'라는 마음으로 응했다고 해요. 그러나 결국 링컨과 함께 일하면서 그의 지지자가 되어 전쟁 기간 미국 외교에 결정적 공헌을 하죠.

또 재무장관이 된 체이스(Salmon P. Chase, 1808년~1873년) 역시 대통령 선거 당시 링컨의 정적이었어요. 링컨이 대통령이 되었을 때 잠시 링컨에게 협력했지만 다음 선거에서 다시 공화당 후보로 나와 링컨에게 도전했어요. 그러나 링컨은 그런 체이스를 다시 연방대법관에 임명해 그의 능력을 미국을 위해 사용하도록 했어요.

자신이 좋아하거나 자신을 좋아하는 사람들만을 주변에 두는 지도자들은 좋은 지도자라고 할 수 없어요. 개인의 감정이나 이해관계를 떠나 능력을 가진 사람들을 모아 공통의 목적을 위해 그 능력을 쓰도록 설득하고 함께 일하는 것이야말로 꼭 필요한 지도자의 자질이랍니다. 여러분도 링컨처럼 훌륭한 리더십을 발휘하도록 하세요.

10장 살아 있는 민주주의로 가는 길

우리가 사는 우주는 어떻게 탄생했을까?

많은 과학자들이 연구한 결과를 종합하면 '빅뱅(Big Bang)'에서 시작되었다고 해.

약 150억 년 전 엄청난 에너지를 가진 아주 작은 물질과 공간이 거대한 폭발을 해 우주가 형성되어 이 세상을 탄생시켰다는 거지.
콰아아아 아 아 앙……

비트뱅(Bit Bang)

비트 : 2진 숫자(binary digit)의 약칭으로 컴퓨터의 기억장치는 모든 신호를 2진수로 기억한다.

지니계수(Gini's Coefficient)

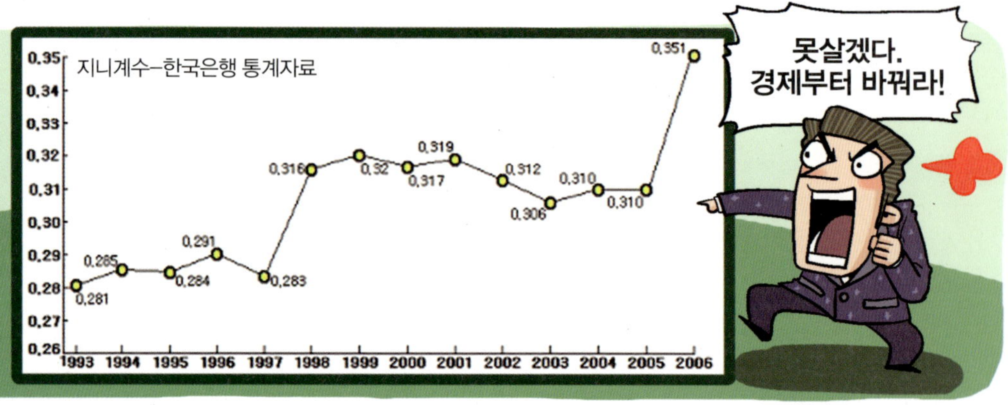

프란시스 무어 라페(Frances Moore Lappé)

아나니아스(Patrus Ananias)

도시 서민들도 유통마진이 없으니 싼 가격에 유기농 농산물을 구입할 수 있었어.

빈곤층을 위한 '국민식당'도 열었지.
국민 식당
한 끼에 600원만 내면 유기농 음식으로 배불리 먹을 수 있어! 굿!

유기농 농산물은 시민 건강도 지키고 환경도 보전했어.
유기농으로 하길 잘했네...

공동체의 발전을 위해 모두가 참여하는 일상 속의 민주주의가 자리 잡은 거야.
시민건강 유지와 환경보전
공동체 발전
일상 속 민주주의

그 결과 어린이 영양실조 비율은 50%, 유아 사망률은 56%나 줄었대.

시당국과 시민, 농민들이 자발적으로 참여해
시당국
시민
농민

식품의 질을 높였을 뿐만 아니라 빈곤의 문제도 해결해 나갔어.
시당국
시민
농민
식품질 향상
빈곤 문제

그리고 청소년들은 자발적 참여를 통한 변화를 직접 눈으로 보며

환경보호와 자원봉사를 생활화했지.
환경보호
자원봉사

시에서 이 사업에 투입한 돈은 매년 시 예산의 2% 미만에 불과했는데
성장률
눈부신 성장 완전 대박!!

선거일 투표소와 시장에서만 존재하던 '앙상한 민주주의'가
민주주의

벨로오리존치에서는 모든 시민의 삶 속으로 들어간 거야.
벨로오리존치

라페는 이를 '살아 있는 민주주의'라고 했어.
Living Democracy 만세!!

벨로오리존치는 포르투갈어로 '아름다운 지평선'이란 뜻인데 그 진정한 의미를 되찾은 거지.

살아 있는 민주주의란 바로 지역 공동체의 복원이란 의미와 같아.

비트뱅의 시대인 디지털의 세계에서도 민주주의는 살아 있어.

저작권(Copyright)

오픈소스(Open Source) : 무상으로 공개, 정보를 공유하는 소프트웨어.

〈카피라이트〉의 로고.

카피라이트를 뒤집어
반대하는 모양의 〈카피레프트〉 로고.

그런데 리눅스는 상업적으로
이윤을 내는 대신
난 절대 상업적으로 이용하지 않을 거야!

카피레프트로 세상의 모든 사람이 자유롭게 쓸 수 있도록
소스를 공개했지.

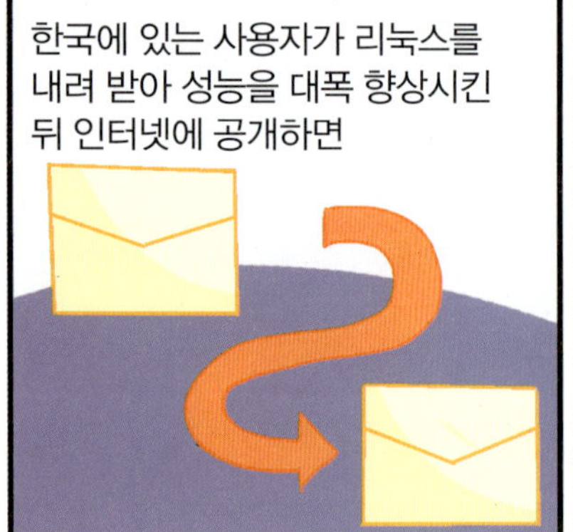

한국에 있는 사용자가 리눅스를
내려 받아 성능을 대폭 향상시킨
뒤 인터넷에 공개하면

아프리카에 있는 전문가가
이를 내려 받아 또 업데이트할
수 있어.

이렇게 전 세계 사용자들이
자유롭게 프로그램을 향상시켜 왔어.
Upgrade Linux

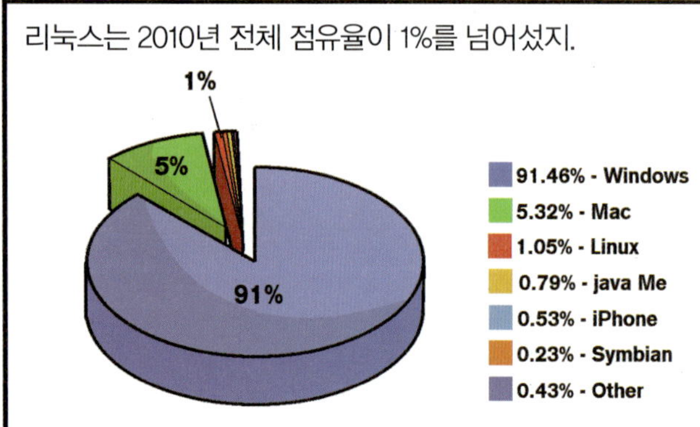

리눅스는 2010년 전체 점유율이 1%를 넘어섰지.
1%
5%
91%
91.46% - Windows
5.32% - Mac
1.05% - Linux
0.79% - java Me
0.53% - iPhone
0.23% - Symbian
0.43% - Other

사이버 공간에서도 민주주의가 살아 움직이고
있다는 걸 보여 주는 사례야.

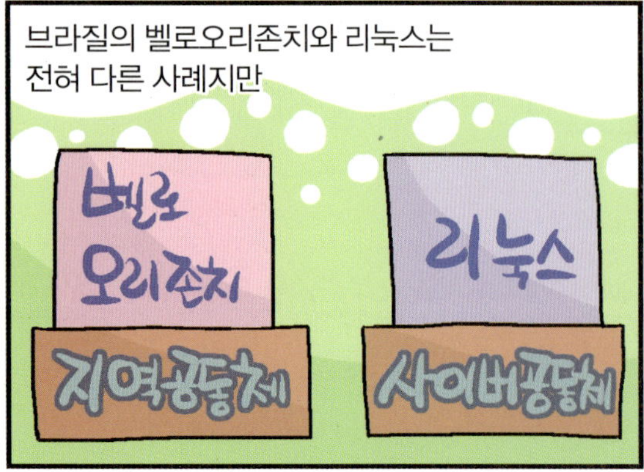

브라질의 벨로오리존치와 리눅스는
전혀 다른 사례지만
벨로
오리존치
리눅스
지역공동체
사이버공동체

보통 사람들이 힘을 합쳐 공동체를
개선하려 했다는 공통점이 있지.
공 동 체

이러한 경향을
참여 민주주의라고도 해.

지금까지 정치의 핵심과제는 권력을 잡는 거였기 때문에
권력
나는
대통령이
되기 위해
태어났다!

정치도 엘리트 중심의 중앙정치였지.
나는 여당!
너는 야당!

그런데 참여 민주주의에서는
평범한 시민들이 자발적으로 나서서
시민 참여단

권력 획득을 목적으로 하기보다
실생활을 변화시키는 게 목적이므로
참여정부
실생활 개선

모든 시민들이 함께 하는 게 가장 중요하지.

이런 일이 21세기 들어 더욱 활성화하게 된 것은 바로
비트뱅의 결과란다.
마을
운동
네티즌
수사대
좋은환경
모임카페
더 좋은
살

인터넷, 휴대폰을 비롯한 정보통신(IT)기술의 발전으로
너 어디야?
엄마! 잘 도착했어요!
주문 상품을 발송했습니다
시민들이나 학생들 상호 간에 의사소통이 원활해졌기 때문이야.

또한 엘리트 중심의 기성권력이 버티고 있는 대통령 자리에
대통령

노무현 전 대통령이 시민운동가 출신이고,

미국의 오바마 대통령도 사회운동을 한 뒤 정치에 입문했지.

참여 민주주의를 지향하는 사회운동가들이 속속 진출하고 있기도 하지.
사회운동가

따라서 미래 정치의 핵심은 '앙상한 민주주의'에서
민주주의

에픽테토스(Epictetus, 55년~135년)

제로섬 게임(zero sum game) : 합이 0인 게임으로 한쪽이
5점을 이기면 한쪽은 반드시 5점을 잃는다.

이런 개념을 풀뿌리 민주주의라고 해.

과거의 정치는 무조건 위에서 밑으로 내려가는 형태였지만
나를 따르라!

21세기 정치는 아래에서 위로 만들어 가는 화합의 축제라야 해.

한국에서도 풀뿌리 민주주의를 뿌리내리기 위해 시행한 제도가 있어.

바로 지방자치제의 도입이야.
지방 자치제

서양은 우리나라와 달리 중세부터 지방자치의 싹이 있었는데
자치
중세시대

중세시대 서양의 봉건제도가 그 예지.

봉건 영주는 자기 땅에서 절대 권력을 행사했어.
이 땅은 내가 왕이거든..

근대 이후 여러 봉토가 한 나라로 합쳐지면서 한 명의 왕에 각 지역은 자치의 형태를 띠었지.
스코틀랜드, 성 앤드류의 십자가.
북아일랜드, 성 패트릭의 십자가.
잉글랜드, 성 조지의 십자가.
아일랜드
웨일즈
왕은 역시 하나야!
영국 유니언 잭, 각 봉토들의 십자가를 합쳐서 만들었다.

미국 성조기에 그려진 50개의 별은 미국의 주를 뜻해.
미국은 50개 주로 구성되어 각 주는 주지사가 모든 책임을 지고 정책을 펴지.

한국은 1990년대에 지방자치제를 도입했어.
이~
대통령한데 잘 보여야지!

그 이전엔 대통령이 시장이나 도지사, 군수를 모두 임명했는데
뽑아 줘, 뽑아 줘…

모두 선출직으로 바뀐 거야.
이제 누가 뽑아주나..??

임명직 시절 지방자치 단체장들은 대통령만 쳐다보았고 시민들의 의사는 무시했지만
눈 빠지겠다..

이제는 시민들의 지지를 받아야만 당선돼.

당연히 시민의 뜻이 행정에 잘 반영되어 풀뿌리 민주주의가 강화되겠지.
아는 사람 말고 제대로 된 사람을 뽑아주세요!!

재정부족, 부정부패 등 시행착오가 계속되고 있지만
순 거짓말!!

결과적으로는 민주주의 발전에 도움이 될 거야.

인류 역사상 민주주의의 출발점인 그리스의 아테네는
시민권을 가진 성인 남자가 출석하는 민회에서
중요 정책이 결정되는 직접 민주주의제였지.

그후 지금까지는 국민의 의사가 선거를 통해
선출된 대표자를 통해 반영되는 대의제였어.

국회의원 당선축하

정말
감사합니다

이런 형식을 대의제 민주주의
혹은 간접 민주주의라고 해.

선거

그런데 21세기에 새로운
직접 민주주의가 도입될 거라는
예측이 있어.

신상 민주주의

비트뱅 효과로 새로운 직접 민주주의가 출현한대.

『미리 가 본 2018년 유엔 미래 보고서』란 책에서는

앞으로 대의 민주주의 혹은 의회 민주주의가 없어지고
의회 민주주의
대의 민주주의

당연히 국회의원 등 직업 정치인도 없어질 거라 예측했지.
나는 이젠 실업자야…. 훌쩍!

대신 국민들이 전자기기, 이메일, 화상전화를 통해 자신의 의사를 직접 표현해서 정책을 결정하는 전자 민주주의 시대가 온다는 얘기야.
이를 신 직접 민주주의라고 해!

그야말로 빅뱅에 버금가는 새로운 정치문화가 탄생할 수 있다는 주장이지.
전자 민원 센터

그러나 이는 상당 부분 과장되었다고 봐야 해.
빵!!

알프레드 스미스(Alfred E. Smith, 1873년~1944년)

세계의 여성 정치인들

영국의 문호 셰익스피어(William Shakespeare, 1564년~1616년)가 남긴 이런 말을 들어본 적 있나요?

"약한 자여, 그대의 이름은 여자!"

세상은 남성들이 주도하고 여성들은 이 남성들을 보조하는 역할이어야 한다고 믿었던 시대가 있었어요. 셰익스피어의 말은 이런 과거의 편견이 반영된 것이죠. 여성들은 이런 편견에 맞서 자신들의 정당한 권리를 찾기 위해 오랫동안 노력해 왔는데, 20세기에 들어서야 정치에 참여할 권리를 얻을 수 있었답니다. 놀랍게도 세계 대부분의 나라에서 여성 참정권이 보장된 것은 제2차 세계대전 이후의 일이었거든요.

여성이 정치에 참여할 수 있게 되면서 총리나 대통령처럼 최고의 정치 지도자가 되는 일도 생겨났어요. 스리랑카의 시리마보 반다라나이케는 1960년 총선거에서 승리하면서 총리가 되었고, 아르헨티나의 이사벨 페론은 1974년 대선을 통해 세계 최초의 여성 대통령이 되었죠. 두 여성 모두 최초의 기록이긴 하지만 사실은 독자적인 정치인은 아니었어요. 남편이었던 총리나 대통령이 죽고 난 뒤 그 자리를 물려받다시피 한 것이었죠. 하지만 그 뒤로는 당당한 여성 정치인들이 많이 나왔답니다.

세계 최초의 여성 대통령 이사벨 페론
(Isabel Peron, 1974년~1976년 재임).

많은 세계의 여성 정치인 가운데 가장 주목할 만한 인물은 통일된 독일을 이끌고 있는 앙겔라 메르켈 총리예요. 메르켈 총리는 동독 출신인데다가 과학자여서 처음엔 지지 세력도 별로 없었어요. 그러나 조용한 실천과 결단력 그리고 원칙을 지키는 강인한 면을 보이며

여성 특유의 섬세한 리더십을 발휘하는 독일의 앙겔라 메르켈 총리(Angela Merkel, 1954년~).

특히 여성 특유의 섬세함으로 국민과 소통하면서 현재는 가장 위대한 독일의 총리로 칭송을 받고 있어요.

여성의 사회진출과 정치참여가 국민의 삶을 훨씬 더 좋게 한다는 주장도 많아요. 우리나라에서도 2006년부터 4년간 기초단체 여성의원들의 활동을 모니터해 봤더니 그런 결과가 나왔어요. 여성의원들이 어린이나 노인, 장애인 등 사회적으로 약한 자들의 입장에서 정책을 개선하고 있다는 거예요. 또 깨끗한 정치를 하는 데에도 적극 노력하고, 특히 국민들의 소리를 듣고 이를 정책에 반영하는 일에 적극적이라고 해요.

현대 사상가 중 한 사람인 프란시스 후쿠야마는 이런 전망을 내 놓았죠. 여성이 정치에서 리더십을 발휘하는 세계는 덜 폭력적이고, 덜 모험적이며, 덜 경쟁적이고 또 덜 적대적이게 될 것이라고요.

여성이 정치에 적극적으로 참여할 수 있도록 하려면 양성 평등을 제도적으로 뒷받침해야 해요. 유럽의 여러 나라에서는 정치, 경제, 교육 등 각 분야에서 채용과 승진 때 일정 비율을 여성에게 보장하는 여성할당제를 실시한답니다. 노르웨이에서는 공공기관이나 회사의 임원 중 최소 40%가 여성으로 이뤄져야 해요. 정당의 공천이나 당직에 임명할 때도 여성의 비율이 50%가 되어야 하고요. 결국 이 제도 덕분에 여성의 각 분야 진출이 활발하게 되었어요. 노르웨이 장관의 절반 이상이 여성이거든요.

우리나라는 어떨까요? 스위스의 비영리기구 세계경제포럼(WEF)은 매년 남녀의 불평등 정도를 평가해 발표를 하는데 2010년 우리나라는 104위를 기록했어요. 우리나라는 아직 양성평등이 많이 부족하죠. 여러분도 생활 속에서 양성 평등을 실천하세요.

융합형 인재를 위한 교과서 넘나들기 핵심 노트

넘나들며 읽기

새롭고 창의적인 키워드를 만들어 내기 위해서는 기존의 개념을 잘 이해해야 합니다. 창의적인 것이란 이 세상에 존재하지 않는 것을 만들어 내는 것이 아니라 기존의 것들을 잘 섞고 혼합하여 폭을 넓히면서 만들어지는 것이니까요. 이 책에서 읽은 내용을 바탕으로 창의적인 사고를 펼쳐 볼까요?

정치와 경제, 같으면서 다르다

흔히 교과서에서는 경제학을 한정된 재화를 생산, 소비하고 분배하기 위한 '선택의 과학'이라고 정의해요. 예를 들어 주머니에 만 원이 있을 때, 이 돈으로 군것질을 할지 아니면 영화를 볼지, 혹은 책이나 문구를 살지 선택하는 것이 바로 경제적 행위가 되는 것이지요. 즉 경제학은 사람들이 어떤 재화와 용역을 생산하거나 소비하는지, 그 법칙을 밝히는 동시에 더 합리적인 선택이 될 수 있는 방법을 연구하는 학문인 것이지요.

　그런데 정치도 역시 선택이 아닐까요? 예를 들어 어떤 정당을 지지하거나 어떤 인물을 자신의 대표자로 뽑는 것부터가 선택이니까요. 사회주의 체제나 자본주의 체제, 대통령제와 의원내각제 등 사회의 기본 구조나 운영 방식을 결정하는 것도 역시 정치적 선택이에요. 전체적으로 복지를 중요하게 생각할 것인지 아니면 성장에 초점을 맞출 것인지 하는 정책의 방향도 정치적 선택의 문제지요.

　다시 말해서 경제나 정치는 모두 선택의 문제를 다루고 있어요. 다만 경제는 재화나 용역, 즉 유용한 가치를 지니는 물건이나 서비스의 생산과 소비를 다루기에 그 가치를 화폐의 크기로 나타내는 것이고 정치는 공동체의 운영에 관한 중요한 사안을 집단적으로 선택(결정)하는 과정을 의미하기 때문에 그 구성원들의 의사가 중요해지는 것이죠. 그래서 나온 말이 "경제는 1원 1표의 원리가, 정치는 1인 1표의 원리가 지배한다."는 표현이에요.

　예를 들어, 열 명의 부자와 아흔 명의 가난한 사람이 있다고 해 볼게요. 가난한 사람들은 밀을 이용해 기본적인 식료품인 라면을 더 많이 생산하기를 원하는데, 부자는 다양한 음식을 즐기기 위해 피자나 파스타를 더 많이 만들기를 바란다고 가정해 볼 수 있겠죠. 이럴 때 가난한 사람들이 라면을 구매하기 위해 쓸 수 있는 돈보다 부자들이 피자나 파스타에 쓸 수 있는 돈이 더 많기 때문에 자연스럽게 밀가루가 피자나 파스타의 재료로 쓰이는 일이 늘어날 거예요. 즉, 시장(경제)에서는 구매 능력이 없는 사람의 선택권은 중요하지 않다는 뜻이에요.

　하지만 정치는 그렇지 않아요. 다수의 의견이 공동체 전체의 의사를 대표한다고 보기 때문이죠. 투표를 통해서 피자나 파스타와 같은 외식 산업에 대해서는 세금을 더 많이 내게 하고, 라면과 같은 생필품은 세금을 줄이고 보조금을 지급해 가격을 낮추는 경우를 생각해 보세요. 생산자는 라면을 더 많이 만들고 가난한 사람들은 이 라면을 더 싼 가격에 쉽게 구할 수 있게 될 거예요.

우리는 이 단순한 예(현실은 이보다는 훨씬 더 복잡하겠지요?)를 통해서 다음과 같은 사실을 알 수 있어요.

(1) 경제와 정치의 영역은 쉽게 분리되지 않습니다. 사회의 자원을 어디에 더 많이 쓸 것인가, 누구에게 먼저 배분할 것인가 하는 것은 경제적 문제인 동시에 정치적 문제입니다.

(2) 경제의 영역은 1원 1표, 즉 구매력이 있는 사람이 선택권을 더 많이 가지는 원리가 지배합니다(시장의 원리). 즉, 얼마나 효율적인가가 중요하지요.

(3) 정치의 영역은 1인 1표, 즉 다수가 공동체 전체의 운영 방향과 관련해 결정권을 가지는 원리가 지배합니다(민주주의의 원리). 그래서 토론과 합의가 필요하지요.

따라서 어떤 문제를 시장의 원리에 의해 경제적인 문제로 풀 것인가 아니면 민주주의의 원리에 의해 정치적인 문제로 풀 것인가 하는 선택을 해야 하는 일이 자주 생겨요. 하지만 시장에 맡길 것인가 아닌가를 결정하는 것이 정치라는 점에서, 정치가 경제보다 더 우선한다고 볼 수 있겠지요. 이렇게 정치와 경제는 맞물려 돌아가는 사회의 두 가지 측면이랍니다.

더 생각해 보기

- 경제적인 성장이 없이 민주주의가 정착되기 어려운 이유를 설명해 봅시다.

- 민주주의가 자리 잡아야 경제가 성장할 수 있는 이유를 설명해 봅시다.

창의적 독서란 책이 주는 정보를 정보 그대로 이해하는 것이 아니라 자기 것으로 만드는 독서를 일컫는 말입니다. 이 책에서 넘나들기를 한 분야 외에 세상의 많은 분야와 정보가 모두 이 책을 중심으로 뻗어나갈 수 있을 것입니다. 이 질문은 여러분들이 창의적인 상상을 할 수 있도록 도와주는 것들입니다. 최선의 답은 있으나 정답이 있는 것은 아닙니다. 책의 내용과 관련지어 다음과 같은 질문들에 간단하게 생각을 해 봅시다.

민주주의 국가에서 다 함께 지켜야 할 규칙이나 약속이 바로 법이겠지요. 그런데 중국 고전인 「춘추」에는 '나라가 망하려 할 때는 반드시 법령이 많아진다(國將亡 必多制).'는 말이 있어요. 왜 이런 말이 나오게 된 걸까요? 이 말에 들어 있는 법과 정치의 관계를 설명해 보세요.

우리말에 '법 없이도 살 사람'이라는 말이 있지요. 아무리 좋은 사람들이 모였더라도 법은 꼭 필요한 것이기는 하지만, 그래도 '법 없이도 살 사람'이라는 말은 법이 필요해지는 부정적인 상황을 지적하고 있어요. 어떨 때 그런 일이 벌어질까요?

사람들을 대표해서 정치를 해야 할 사람들이 전체의 이익이 아니라 자신들의 이익을 위해 정치를 하는 경우, 우리는 부패한 정치라고 합니다. 부패한 정치를 극복하기 위해서 무엇보다 필요한 것은 무엇일까요?

사람들이 어떤 마음을 가져야 한다든가 캠페인을 벌여야 한다는 주장이 아니라 '제도'적인 해결 방안을 떠올릴 수 있었나요? 과거 그리스 아테네에서는 무작위로 사람을 뽑아 1년마다 돌아가며 정치를 하게 했어요. 이런 추첨 선발 제도와 부패의 관계는 어떻게 되는지 한번 생각해 보는 것에서 출발하세요.

정치는 참여를 통해서 이루어집니다. 구성원들이 관심을 가지고 참여하지 않는 공동체는 정치가 발전할 수 없어요. 청소년들이 정치에 참여할 수 있는 방안을 창의적으로 상상해서 제안해 보세요.

학교에서 혹은 지역에서 '청소년 의회'를 만든다면 이 청소년 의회는 무엇을 해야 할까요? 본인이 학교나 동네의 바람직한 변화를 위해서 제안할 수 있는 게 무엇인지 찾아보고 고민해 보아요.

사람들 사이의 분쟁을 조정하기 위해 국가는 제3자의 입장에서 조정하는 권위를 갖죠. 법이란 그런 강제적인 원칙이에요. 그래서 법을 어기면 벌을 받거나 하는 거예요. 하지만 국제 사회에서 각 나라는 원칙상 대등하기 때문에 국가들 위에 다른 기관이 존재하는 것이 아니라 국가들 사이의 협의 기관만이 존재하지요. 이런 국제 사회에도 세계정부와 같은 것이 필요할까요?

만일 세계 정부가 존재한다면 정말로 세계 평화가 올 수 있을까요? 사람들이 세계 정부의 출현을 걱정한다면 그 이유는 무엇일까요?

외국에 오래 나가 있는 한국인에게 투표권을 주어서 정치에 참여할 수 있도록 해야 할까요? 그렇다면 한국에 오래 체류하는 외국인에게도 투표권을 주어서 정치에 참여할 수 있도록 해야 할까요? 외국인 노동자들이 전 인구의 1/3 이상을 차지하는 도시에서 주민의 1/3이 외지에 나가서 살고 있다면, 이 지역의 정책을 결정하는데 외국인 노동자들도 참여해야 한다는 주장이 설득력을 가질까요? 한번 고민해 보아요.

한 사회나 공동체는 그 구성원들이 바뀌면서 그 성격이 달라져요. 과거에 비해 점점 더 많은 외국인들이 한국인이 되어서 우리와 같은 국가의 국민이 되고 있어요. 이렇게 다인종 다민족 사회가 되면 우리나라는 어떻게 달라질까요?

이어령의 교과서 넘나들기7_정치편

| 펴낸날 | 초판 1쇄 2013년 4월 20일 |
| | 초판 4쇄 2015년 3월 5일 |

콘텐츠 크리에이터	이어령
지은이	김성진
그린이	박수로
기 획	손영운
펴낸이	심만수
펴낸곳	(주)살림출판사
출판등록	1989년 11월 1일 제9-210호

주소	경기도 파주시 광인사길 30
전화	031-955-1350 팩스 031-624-1356
홈페이지	http://www.sallimbooks.com
이메일	book@sallimbooks.com

| ISBN | 978-89-522-1554-3 03340 |
| | 978-89-522-1531-4 (세트) |

※ 값은 뒤표지에 있습니다.
※ 잘못 만들어진 책은 구입하신 서점에서 바꾸어 드립니다.